債権各論 I

〔契約法〕

松岡勝実 著

成文堂

はしがき

　本書は、主としては、法学を学ぶ学部学生（2〜4年生）を対象にした債権各論Ⅰ〔契約法〕の講義案である。受講者は、法学の基礎ないし民法総則をある程度学んでいることを想定している。

　現代社会の大部分の経済活動は、契約を通じて行われている。契約には、効率的な資源配分の面から、契約の両当事者の立場が経済的に改善されるという機能をもっている。「交換」から貨幣を利用した「売買」によって、市場が発達、人口が増加、都市が繁栄し、人類社会は発展してきたのである。人類社会の発展・高度化は、契約法の進化であるともいえる。

　本書は「法と経済学」の観点からの考察も含んでいる。契約法は、契約当事者が経済的に改善されることに加え、契約不履行（約束したことを実行しないこと）があった場合に、「リスク（損失を被る可能性）配分のシステム」または「紛争を予防する最も安価な手段」としても作用している。契約法によってわたくしたちは、リスクを回避し、トラブルの予防と救済方法を見つけることができるのである。

　しかしながら、一般の人々が、日常的に意識している契約の常識と、民法が規定する「契約の常識」とは必ずしも一致しないところがある。「日常の常識」で簡単に解決することができない問題に直面したときに契約法は必要とされる。そこで、日常的な約束と法的保護が与えられる契約にはどのような区別があるのか、また契約にはいかなる効力が与えられるのかということから学んでいく。

　「民法・契約法の常識」を備えることは、公務員試験や各種資格試験対策のためのみではなく、より賢く、より善く生きることにつながる。契約法を学ぶことは、日常生活や人生に豊かさをもたらすものである。

ところで、経済規模の拡大、社会情勢の変化、情報技術の進化にともない、各種のサービス契約、金融商品等の登場で見られるように、新しい契約の形態が次々と生まれ、判例法および学説も著しく進展している。また、消費者契約法、特定商取引法、貸金規制法、借地借家法のように、各種の特別法も制定されている。

　本書は、契約法の基礎的な理解を主たる目的としつつも、なるべく判例法や特別法にもふれることによって現代社会の動向にも配慮していくことにする。

　さらに、民法が制定されて1世紀以上を経て、民法改正の動きが本格化しつつある。債権法を中心とした抜本的改正であるが、内容の大判はこれまでの判例理論や一般的理解を含んだものである。そうした動きについても本書は適宜ふれている。

＊　　＊　　＊

　本書は、他の専門書のようにすべての論点を網羅的に扱っていない簡便なものである。簡便といっても平板な説明や専門用語の理解を前提とした乾いた記述のみでは読者にとって不親切であろう。本書はこの点に配慮して、適宜に、表、アスタリスク（＊）、および脚注を挿入し、多少立ち入った記述をしている部分がある。

　巻末の補助資料は講義で提示されるパワーポイントの資料である。相互に参照してもらえば理解の助けとなるだろう。参考文献も挙げておくので自主学習に利用してもらいたい。

　民法は、私たち市民の法であるから、市民ならだれでもわかりやすくアクセスしやすくなっていのが理想であろう。しかし、実際にそれを学ぼうとすると専門用語や法学特有の考え方もあり、教科書を一度読むだけですんなりと理解できるものではない。常識や「既知」の部分の学習だけでは踏破できるものではない。思い込み、勘違いに気をつけて、「未知」の部分の学習ができる知的忍耐力をもって学習を進めて

もらいたい。

　民法学習は山登りのようなものである。「精読する」「条文を参照する」「用語を調べる」「他の参考書の記述を参照する」などの学習活動を通じ、地道に一歩一歩進む以外に王道はない。暗記のみに頼るのではなく、「民法がわかる、合点がいく」学習方法を大切にしたい。本書がその道標となれば望外の喜びである。

＊　　＊　　＊

　なお、本書では、典型契約のうちで、寄託、組合、終身定期金、和解を割愛している。これらについては実際の講義において補いをしていく予定である。

　最後に本書の出版については、成文堂社長阿部耕一氏、取締役土子三男氏よりご理解とご支援をいただいた。ここに心から感謝申し上げる次第である。

　　2014 年 3 月 16 日

松　岡　勝　実

引用・参考文献

大村敦志　2005a『基本民法Ⅱ　債権各論〔第2版〕』有斐閣.
　　　　　2005b『生活のための制度を創る』有斐閣.
　　　　　2007『もうひとつの基本民法Ⅱ』有斐閣.
内田　貴　1990『契約の再生』弘文堂.
　　　　　2000『契約の時代』岩波書店.
　　　　　2007『民法Ⅱ　債権各論〔第2版〕』東京大学出版会.
近江幸治　2005『民法講義Ⅳ　債権総論〔第3版〕』成文堂.
　　　　　2006『民法講義Ⅴ　契約法〔第3版〕』成文堂.
加賀山茂　2007『契約法講義』日本評論社.
加藤雅信　2007『新民法体系Ⅳ　契約法』有斐閣.
潮見佳男　2005『債権総論Ⅱ〔第3版〕』信山社.
　　　　　2007『債権総論Ⅰ〔第2版〕』信山社.
　　　　　2009『債権各論Ⅰ〔第2版〕』新世社.
鈴木禄弥　2001『債権法講義〔第四訂版〕』創文社.
田山輝明　2001a『債権各論　上巻』成文堂.
　　　　　2001b『債権各論　下巻』成文堂.
J.L.ハリソン（小林保美＝松岡勝実訳）2001『法と経済学』多賀出版.
藤岡康弘＝磯村保他 2009『民法Ⅳ　債権各論〔第3版補訂〕』有斐閣Ｓ
　　シリーズ.
佐藤祐介・松岡勝実 2010『消費者市民社会の制度論』成文堂.
我妻　栄　1954『債権各論　上巻〔民法講義V_1〕』岩波書店.
　　　　　1957『債権各論　中巻一〔民法講義V_2〕』岩波書店.
　　　　　1962『債権各論　中巻二〔民法講義V_3〕』岩波書店.
　　　　　1967『新訂　債権総論〔民法講義Ⅳ〕』岩波書店.

P.S Atyah, 1979, *The Rise and Fall of Freedom of Contract*, Oxford University Press.

E Peel, 2007, *Treitel, The Law of Contract,* Sweet & Maxwell.

目次

第1章　契約法序論 1
　第1節　日常生活と契約 1
　第2節　近代契約法の観念 2
　第3節　近代契約法の変容 4
　第4節　本書の対象とする契約 5
　第5節　民法典における契約法の位置づけ 6
　第6節　新しい契約観 7
　第7節　日常生活と典型契約 11
　第8節　契約の分類 11

第2章　契約法の経済分析 14
　第1節　コースの定理 14
　第2節　契約法の経済的機能 17

第3章　契約の成立 20
　第1節　契約の成立の意義 20
　第2節　申込と承諾の相関関係 21
　第3節　申込の効力 23
　第4節　承諾の発信主義 25

第4章　契約の効力—序論 29
　第1節　契約の有効要件 29
　第2節　契約の一般的効力 30
　第3節　双務契約の特殊な効力 31

第5章　同時履行の抗弁権 33
　第1節　同時履行の抗弁権の意義 33
　第2節　留置権との異同 33
　第3節　同時履行の抗弁権の行使の要件 34

第4節　同時履行の抗弁権の効果 39
第6章　危険負担 40
　　第1節　危険負担の意義 40
　　第2節　債権者主義 43
　　第3節　債務者主義 45
　　第4節　危険負担制度の廃止案 46
第7章　第三者のためにする契約 48
　　第1節　第三者のためにする契約の意義 48
　　第2節　第三者のためにする契約の成立要件 48
　　第3節　第三者のための契約の効果 49
第8章　契約の解除 51
　　第1節　解除の意義 51
　　第2節　解除と類似の制度 51
　　第3節　契約解除の性格 53
　　第4節　履行遅滞による解除 54
　　第5節　履行不能による解除 56
　　第6節　不完全履行による解除 56
　　第7節　解除権の行使 57
　　第8節　解除の効果 57
　　第9節　解除の効果の法的構成 57
　　第10節　原状回復義務の範囲 60
　　第11節　第三者の保護 62
　　第12節　損害賠償請求権 63
　　第13節　解除権の消滅 64
第9章　贈与 66
　　第1節　贈与の性質 66
　　第2節　贈与契約の性質 66

第10章　売買

- 第3節　贈与契約の撤回 67
- 第4節　贈与契約の効力 68

第10章　売買 70

- 第1節　売買の性質 70
- 第2節　売買の成立 70
- 第3節　手付 71
- 第4節　解約手付の効果 73
- 第5節　売買におけるその他の効力 75
- 第6節　担保責任序説 76
- 第7節　権利の瑕疵（追奪担保責任または権利担保責任） 77
- 第8節　瑕疵担保責任（570条） 79

第11章　交換 83

第12章　消費貸借 84

- 第1節　消費貸借の性質 84
- 第2節　消費貸借の終了 85
- 第3節　準消費貸借 85
- 第4節　営業的利息付消費貸借に対する特別法の規制 86

第13章　使用貸借 88

- 第1節　使用貸借の性質 88
- 第2節　使用貸借の権利義務関係 88
- 第3節　使用貸借の終了 89

第14章　賃貸借 91

- 第1節　賃貸借の性質 91
- 第2節　賃借権の物権化 91
- 第3節　賃貸借の存続期間 92
- 第4節　賃貸借の効力 92
- 第5節　賃貸人の義務 92

第6節　賃借人の義務 93
　第7節　敷金契約 93

第15章　雇用 96
　第1節　雇用の性質 96
　第2節　労働者の義務 96
　第3節　使用者の義務 97
　第4節　雇用の終了 98

第16章　請負 100
　第1節　請負の性質 100
　第2節　請負人の義務 100
　第3節　目的物の所有権の帰属 100
　第4節　目的物の損傷または滅失 101
　第5節　請負人の担保責任 102

第17章　委任 107
　第1節　委任の性質 107
　第2節　受任者の義務 107
　第3節　委任者の義務 108
　第4節　委任の終了 109

付録　　111
　消費者保護の政策と契約の諸問題 111

補助資料　　117
　契約の定義 117
　パンデクテン方式 117
　効率的な契約違反 119
　同時履行の抗弁権と留置権 121
　危険負担 121
　債権者主義の適用範囲 122

契約の解除 122
グレーゾーン金利 123
みなし弁済規定 123
期限の利益喪失約款 124
多重債務の要因 124

第1章　契約法序論

第1節　日常生活と契約

　契約は日常的に慣れ親しんでいる言葉であるが、法律上の契約は法的拘束力のある「約束」である[1]。

　約束という「行為」に注目すると、「日常感覚の契約（約束）」と「法律上の契約（約束）」は重なる部分もあるが明確に区別される必要がある[2]。両者の区別は、生活関係における約束と、法律関係における約束という2つの集合によって説明される。

　日常生活における約束を破っても、直接の法律関係が生じないこともあるだろう。しかし売買を例にとろう。代金の支払いがない、または目的物の引渡しがないという事態があっては困る。そこで、法的な力を借りてその約束を強制したり、約束違反から生じた損害を請求したりすることが必要となる（巻末補助資料参照）。

　法的な力を借りるためには、ある約束が法的拘束力をもつに値する法律関係にあるかが問題視される。売買は、生活関係にとどまらず法律関係を形成している。この意味で、法律上の契約は契約当事者間の約束という行動に加え、約束によって生じる法律関係を指しているのである。

　法律関係は、要件と効果という内部構造になっている。売買が認められれば（要件）、目的物を引き渡すという約束（効果）が生じる。

　この要件と効果の関係を予め規定したのが、民法典の売買の規定

---

[1] 契約と同義または類似に用いられる他の言葉は、合意、申し合わせ、協定、協約などがある。他方、国家と市民との関係で用いられる社会契約は、一般に民法で扱う契約ではない。
[2] 社交上の契約と法律上の契約の区別もある（藤岡＝磯村他2007・6頁）。社交上の契約も法律関係を形成しない。

（555条）である。売買は、代金支払義務と目的物の引渡義務という2つの約束が向き合っている。法律上の契約は、法律関係にあって法律効果を発生させる「約束」である。法律上の契約は、法的拘束力をもつがゆえに日常生活の約束と区別されるのである。

契約は、わたくしたちの日常生活を規律する「小さな制度」であるという見方がある[3]。コンビニで買い物をする程度のことでは、この小さなルールや制度のことを意識することはないかもしれない。しかし、それはそうしたルールや制度に慣れているということであり、法律の力が作用していないということではない。

こうした法律の力＝小さな制度は、売買の規定のように予め民法に示されている場合もあるし、契約の当事者が独自に創る場合もある（後述の私的自治の原則が働いている）。後者では、契約の当事者だけに適用のある立法的行為であると表現することもできる。ただ、売買の規定のようなディフォールト・ルールがないと時間とコストがかかる。

次元の異なるたとえだが、ワープロの作成における標準設定を思い出してもらいたい。前もって、用紙、字数、行数が設定されているのは文章を作成するのに便宜である。売買において、代金はいつどこで支払うのか（574条）、買った品物に隠れていたキズがあったときの処理についてどうなるのか（570条）、当事者の合意が予めなくても民法が規定しているのである。

第2節　近代契約法の観念

近代社会は身分とは関係なく契約を通じて経済活動ができる。これは、「身分社会から契約社会へ」という言葉によく象徴される。では近

---

[3] 大村2005b・3頁以下及び340頁以下。

代契約法の観念（ここでは古典的契約観とも称する）とは何を指すのか。

　近代契約法の背景となっている近代市民社会における、契約の主体となるべき市民像は自由で自律的な市民である。そこで、各人は国家の干渉から離れ、平等・対等な立場で法律関係を形成できる。法律関係の形成が各人の意思に委ねられているのである。

　法律関係の形成を自律した市民に委ねるというこうした考え方を、近代市民法における「私的自治の原則」（意思の自治）という。自己決定権を最大限尊重しようとする思想である。

　この原則を背景として、当事者が自由な意思によって契約を結ぶことができる原則を「契約自由の原則」という[4]。そして、契約の当事者は、自由な意思で合意した契約に拘束される。これを「合意原則」という[5]。

　合意原則は、しばしば「約束は守らなければならない（pacta sunt servanda）」（パクタ・スント・セルバンダ）と表現される。パクタ・スント・セルバンダは法の一般原則でもある。くどいようだが、契約に拘束力があるのは、当事者間で約束または合意があったからだという事実に根拠が求められるのである[*]。

　契約自由の原則の下、①自由な方式で、②自由な内容で、③自由に相手方を選択して契約を締結することができる。もちろん、契約を締結しない自由もあり、締結したくない契約（または、締結した覚えのない契約）を強制されないことも個人の意思決定権の尊重の大前提と

---

[4] この他に私的自治の原則の下では、過失責任の原則、所有権絶対の原則がある。詳しくは民法総則で学ぶ。
[5] 合意したことに拘束されるということは、裏を返せば合意していないことには拘束されないということである。正確には、契約自由の原則は自由放任の思想（レセフェール）から生まれた歴史的産物であり、私的自治の原則とは次元を異にするが私的自治の制度的表現であるいえよう（内田2007・19頁）。

なる。

 *口頭の契約は守られるべきか、という基礎的な問いに皆さんは慎重に答えられるであろうか。法的保護を受ける約束かどうか（法的拘束力があるかどうか）、書面による契約でなければ拘束力がないのかどうか、心裡留保の適用（93条）があるか、自然債務の存在可能性（債権総論で学ぶ）などなさまざまな観点から考えてみよう。

 少し話はそれるが、書面によらないと契約内容が曖昧になり社会的に優位に立つ人が恣意的に契約内容を解釈するおそれがあるだろう。それがゆえに、西欧社会では契約の成立を当事者の意思に求めつつ書面による契約が発達した。また、口頭の契約には2つ危険性があることを指摘しておこう。①存在する契約を存在しないと主張される危険（この危険は通常最初に思いつくものである）　②存在しない契約を存在すると主張される危険である（AとBとの間に契約がないのに、BがCを連れてきて、AB間に契約があったと偽証する場合など）（成田　博1996『民法学習の基礎』有斐閣16頁以下を参照）。

第3節　近代契約法の変容

　約束は守らなければならないという原則は法の一般原則であり、これが根本規範となって社会秩序が構築されている。しかしこの原則には限界がある。これは契約の拘束力の限界についての問題である。拘束力をもつということは、契約の内容が「裁判所によって強制される」ということである。これにより、契約自由の原則もあらゆる場面で修正がなされている。そしてこの現象は、古典的契約観に対する疑問とともに多くの議論を巻き起こしている。

　確かに、約束は守られるべきであるけれど、実際は様々な観点から、

守らなくてよい、あるいは守るべきではない約束がある。

まず、民法典において、公序良俗に反する契約は無効になることがある（90条）。当事者が合意していても、社会秩序の維持の観点から契約の成立を否定されることがある。

次に、特別法における強行法規の違反は無効となることがある。例えば、利息制限法における制限利息を超えた利息、消費者契約法における契約の取消、特定商取引法におけるクーリング・オフ、借地借家法の解約制限などがある。

先に示した「合意原則」はいつでも貫徹されるか。いわゆる附合契約[6]において、「契約の当事者は合意して契約を結んでいる」と説明するのには無理のある場合がある。したがってまた消費者関連法における約款の規制という国家の介入も行われている。こうした現象をみると古典的契約観における「国家は中立、契約の当事者は、対等・平等である」という図式が、「国家が個人を支援、契約当事者は経済的に弱く、判断能力においても相手方と比較して劣っている」という図式に変容してきている。こうした現象は、近代契約法が想定する契約の主体に関する人間像の変容であるといえる。

契約の締結から終了に至るまで古典的契約観は批判を加えられている。詳細は後述する。

第4節　本書の対象とする契約

法律上の契約の概念には、民法上の契約においては、債権関係を発生させる債権契約（売買、賃貸借、雇用等）、物権変動を発生させる物権契約、および婚姻・夫婦間の契約・縁組等の身分上の契約があり、

---

[6] 契約条項が予め定型化している契約のこと。定型化された条項を約款という。

民法以外では、公法上の契約等（行政契約、条約など）があるが、本書では民法典の規定を中心に債権契約に焦点を当てる[7]。民法典で扱われている、狭義の契約は第3編第2章（521〜694条）である。

第5節　民法典における契約法の位置づけ

　民法上の契約は法律行為であって、相対する2つの意思表示によって成立する。契約は債権債務関係を発生させる。債権総論を学んでいない読者のために説明すると、契約における約束を権利関係として見てみると、「代金を支払え」という権利と「目的物を引き渡せ」という権利関係がある。このような権利（債権）の発生原因は、民法典において他には不法行為、事務管理、不当利得があるが、民法典は債権の発生する原因を抽象的にまとめて規定している。これは民法がパンデクテン方式を採用している帰結である（巻末補助資料参照）。

　つまり、民法は総則・各則という規定の順序があるので、契約法について521条以下だけの規定を見ておけばよいというのではない。民法の債権編は、総則と各論に分けられ、各論は、契約、事務管理、不当利得、不法行為に分けられ、契約は総則と各論にさらに分けられる。

　法律行為としての契約を考えるときは、民法総則の規定を参照する（契約［意思表示］の有効、無効、効力の発生、権利の時効消滅）。契約は債権債務関係を発生させるので、契約の履行、不履行については、「債権総則」（債権の効力として扱われる）と「契約総則」（契約の成立、効力、解除）を参照する。双務契約特有の問題については、「契約総則」に規定されている。そして、13種類の典型契約は、契約各論

---

[7] 加藤の分類を参考にした。彼の分類によれば、債権を狭義の契約、広義では法律関係の効果の発生を目的とする複数当事者間の意思の合致を指す概念である（加藤2007・4−5頁）。

で規定されている[8]。

第6節　新しい契約観

　契約法において私的自治の原則は、未だに帝王として君臨する原則といえるであろうか、また果たして契約は自由であると断言できるであろうか。現在は、「契約は死んだ」と表現されるくらいである。「古典的契約観は非現実的であり破綻している」「原則と例外が逆転しているのではないか」との批判が噴出している。だが、それに代わる大原則が打ち立てられているわけではない。試みに、マクニールの主張した関係的契約理論と対置させてみよう（後述）[9]。

　関係的契約理論は、社会関係そのものが契約の拘束力を生み出すという契約観である。もっとも関係的契約理論の内容は、日本において信義則を中心に展開されてきた。したがって、新しい規範群が古典的契約法理に、内在的規範として吸収されてきたと説明するころができる。学説においては、債権・債務関係の本質は単に債権債務に分割された総和だけを指すのではなく、契約によって意図された目的に向かった有機的な関係（信義則に支配される共同体であり生き物のような存在）であると説かれていた[10]。いずれ、両者を対比させることによって古典的契約観も浮き彫りになるであろう。

　以下の表は、関係的契約観をわかりやすく説明するために、古典的契約観と対比して説明したものである。

---

[8] 法律行為にはこの他に単独行為・合同行為がある。
[9] 内田が日本法おいて議論を展開しているのでそれを参考に表を作成した（内田 2000・25頁以下）。
[10] 我妻 1967・6－7頁。

	古典的契約観	関係的契約観
基本原理	私的自治の原則、合意原則（約束は守られるべきである）	継続性原理、柔軟性原理。当事者の当初の合意は、契約内容を確定する一つの要素にすぎない[11]。
契約の性質	単発的契約観（単発性と現在化[12]）、静態的、要件・効果で規定されたルールを指向	継続的、柔軟的、動態的契約観。現実の契約は、単発的契約と関係的契約の長いスペクトラム（変動する範囲）によって存在している。ルールよりも抽象度の高いスタンダードを指向
契約成立以前の責任	契約締結上の過失（＝保護義務違反）	関係から生じる原則的義務である。
契約の成立、終了	申込と承諾によって典型的に成立し、履行によって契約関係消滅（sharp in sharp out）。	契約は一連プロセスであり、契約の成立もその一環として位置づけられる[13]。
クーリング・オフ*	特別法によって認められた、合意原則の例外ないし異質な存在	契約成立段階ですべて拘束されるわけではないから引き返し可能。民法の一般理論に類推可能か。

---

[11] 内田 1990・156 頁。
[12] 内田 1990・150 頁以下。
[13] 内田 2007・23 頁の図を参照せよ。

付随義務**	本来的な給付義務以外の従たる給付義務(説明義務、守秘義務など)、保護義務[14]（安全配慮義務）は信義則上発生（当事者の黙示の意思に求めることもある）。後者は不法行為規範とも重なる[15]。	関係から生じる原則的義務である。当事者が決めた権利義務関係は、社会的存在として不法行為のような社会規範の適用の対象となるのは当然である。
事情変更の原則***	信義則（衡平の観点）	再交渉義務を前提に認める。
損害軽減（予防）義務****	過失相殺の原理に基づく（判例）	債務不履行においても被害者は、継続性の原理から損害軽減義務を認めることが可能であろう[16]。
契約責任の拡張[17]（契約成立前、契約成立後の付随義務、第三者保護効、契約成立終了後の余後効）	信義則に根拠を求める考え方、不法行為による責任として認める見解、また、一定の社会的接触に入った当事者に生じる独自の信義則上の責任とする見方も。	付随義務のところで述べた考え方によれば、契約責任の拡張というよりも、関係的契約理論が射程としている責任の範囲であろう。

---

[14] 詳しくは、潮見 2007・95 頁以下。
[15] 近江 2005・7、78 頁。
[16] 内田 2000・95 頁。
[17] 大村 2005a・329 頁。

*クーリング・オフ

特定商取引法等において契約を締結した後であっても、一定の期間申込みの撤回または契約を解除できる制度である（巻末の付録を参照）。

**付随義務論はその分類について議論がある。本書では、情報提供義務、守秘義務、保護義務を「付随義務」として把握している。

保護義務（安全配慮義務）は、契約の相手方の生命・身体・財産諸利益を侵害しないようにする義務である。近江は、保護義務を「独立的注意義務」として、給付の実現に向けた給付義務から発生するものではなく、人的接触（信頼関係）から発生し—契約成立以前の「契約締結上の過失」も同様である—信義則を基盤としつつ、保護義務違反の損害「拡大損害」の問題であり付随義務と区別されると説く[18]。安全配慮義務は確かに付随義務よりもやや広い概念である。直接契約関係のない社会的接触関係についても認められる場合があるからである[19]。

***事情変更の原則

契約の基礎が破壊し、当初の約束に当事者が拘束されると過酷な状況をもたらすため、契約の解除または改定を認める制度。第一次世界大戦で負けたドイツのマルクの価値が戦時中の1兆分の1に下落した（激しいインフレ）ときの債務の支払いや、1973年の日本のオイルショックにより原材料、建築資材が急激に高騰して契約の履行ができなくなったことなどが例として考えられる。要件として事情変更の原則には、著しい事情の変化、予見不可能性、帰責事由のないこと、及び不衡平性がある。判例は事情変更の原則の存在を認めつつも、きわめて慎重な態度である[20]。民法（債権

---

[18] 近江 2005・6 頁以下。

[19] 会社は、指揮監督下にある自社労働者と同様に下請労働者に安全配慮義務を負う（最判平成3年4月11日判時1391号3頁）。もっとも、会社と下請会社の契約の第三者効または契約内容の問題として捉えることも可能である（大村2005a、113頁以下）。

[20] 最判平成9年7月1日民集51巻6号2452頁。

関係）の改正に関する中間試案（平成25年2月、以下債権法改正中間試案として引用）では、事情変更の法理を明文化する提案がなされている。
****損害軽減義務

　債務不履行があった場合に被害者のとるべき行動である。代替品の購入など。

第7節　日常生活と典型契約

　民法は13種類の典型契約（有名契約）を規定している。典型とはモデルという意味であり、この分類に当てはまらない契約を非典型契約（無名契約）という。

　例えば家を手に入れることを考えてみよう[21]。家を購入するのは、売買（555条）であり、家探しを人に頼むのは委任（643条）、借りる場合は賃貸借（601条）か使用貸借（593条）、注文建築の場合は請負（632条）、家をもらう場合は贈与（549条）、資金を稼ぐのは雇用（623条）、資金を借りるのは消費貸借（587条）というように多くの典型契約がかかわってくる。その他、保険（保険契約）に入る、引越の際に荷物を運送する（運送契約）などは商法の規定がかかわってくる。また、典型契約のうちで複数の性格を併せもつ契約を混合契約という。例えばクリーニングは非典型契約であり、寄託と請負の混合である。

第8節　契約の分類

　典型契約と非典型契約分類以外でも、学問上以下のような分類がある。今後契約法を学ぶうえで重要な用語なので概念をつかんでおこう。

---

[21] 大村2005a・6頁を参照。

8-1 有償契約・無償契約

契約の当事者が双方とも対価的意義を有する経済的出捐(経済的支出)をともなうか否かの区別である。売買は有償契約、贈与は無償契約の典型例である。

8-2 双務契約・片務契約

契約の当事者の双方が互いに対価的意義を有する債務を負担しているか否かの区別である。売買、交換、賃貸借は双務契約であるが、贈与、使用貸借は片務契約である。使用貸借は、貸主に貸す債務があるように思われるが、貸すことではじめて契約が成立する要物契約だから、契約が成立した後に債務が残らず、それゆえに対価的意義を欠いているから片務契約とされる。「双務契約と片務契約」の区別と「有償契約と無償契約」の区別はほぼ一致しているが、例えば利息付消費貸借は、有償・片務契約であると解することがある。理由は、貸主が目的物を交付することと、借主が利息を付けて消費した目的物を返還するのは、経済的支出を伴う対価関係(有償)にあるが、消費貸借は、目的物を交付した段階で契約が成立し(要物契約)、以後貸主に債務が残らない(片務性)からだと説明される[22]。

8-3 諾成契約・要物契約

当事者の合意のみによって契約が成立する契約を諾成契約といい、当事者の合意以外に、契約目的物の交付を成立要件とする契約を要物

---

[22] 587条の規定は消費貸借の予約を有効性を前提としているので、利息付消費貸借契約のような有償消費貸借契約は諾成契約に分類し、無償消費貸借のみを要物契約とすべしという有力な見解がある(加藤2007・20、287頁)。

契約という[23]。条文上「約し」と規定して成立する契約は諾成契約である。民法は諾成契約を基本とする。消費貸借・使用貸借・寄託は要物契約である。また、質権の設定のための契約は物権契約ではあるが要物契約である（344条）。

8-4 要式契約・不要式契約

契約の成立に一定の方式を必要とするか否かの区別。保証契約は典型契約ではないが、要式契約（446条2項、平成16年改正）である。婚姻や養子縁組は身分契約であるが、書面の届出によって成立する要式契約であり、身分契約である。

8-5 一時的契約・継続的契約

1回の給付で契約関係が終了する場合と契約関係が継続的に続く場合との区別である。例えば売買が前者の例で賃貸借が後者の例である。また、契約の解除の効果について、賃貸借では特則がある（620条）

---

[23] 諾成契約と要式契約を対比させ、後者に「書面による契約」と「要物契約」を含ませる分類もある。合意以外に契約の成立には書面が必要な場合がある、あるいは物の交付が必要であると分類した方が理解しやすい（加藤2007・18-19頁）。そうなると、典型契約のうちで要物契約＝要式契約ということになる。

第2章　契約法の経済分析

第1節　コースの定理

　古典的契約観は、個人意思決定権を尊重するという思想がゆえに、合意されたことを守るべきという原則を基盤とすることは先述したが、「法と経済学」という学問の立場から、「効率的な契約違反」というものがある。約束は守らなければならないという大原則（古典的契約観）から見ると、「約束を破る自由」を認めることになるわけだから挑戦的な発想である。この思想は、そもそも契約は内心の意思とは一切関係のない形式的・外面的なものであるという見解ともつながっている。「法と経済学」では、個人意思の尊重、私的自治、ひいては正義の観念をひとまず措いて効率や利潤の立場から契約関係を観察し、損害賠償を払ってまでも契約違反に利潤がある場合に、「約束を破る自由」の存在を証明する。

　効率的な契約違反を具体的なモデルで説明しよう（巻末補助資料参照）[24]。AがBにA所有の車を500万円で売る契約を結び、Bはそれを700万円（200万円の転売利益［交換利益］）で転売する予定であった。Aはこの転売の予定をあらかじめ知っていたとする。そこにCがやってきて、750万円で買いたいと申し出たとする。AとBとの間で500万円の値打ちであったあった車に対して、Cが750万円まで出してもよいと値を付けてきたわけである。すると、Bは200〜250万円の範囲でこの約束を破る権利（この権利をXとして、Xの範囲は$200 < X \leq 250$とする）を売ることができる。なぜかというと、Bにとって200万円以上の儲けがあればCに買主の地位（Bがもっていた500万円で購入

---

[24] 小林＝松岡2001・53頁以下。

できる地位）を売り渡しても問題はない。契約違反だとＡが騒いだとしても、ＡにとってＢから違約金を少しでもとることができればＡはＢに売るよりも儲かる結果となる。例えば、ＢがＸをＣに240万円で売り、20万円をＣに違約金として支払い20万円を懐に入れてもなお、当初のモデルの転売利益と比べて20万円改善されることになる。これは、Ａにとっても同じ事でＡがＣにＸを売ることにより、Ｃに売りたいと買主を変更することも可能だ。Ｂが「なぜ自分に売ってくれないのか」「約束違反だ」とクレームをつけたとしても、同様にＢに対して何がしかの違約金を支払えば、Ｂは当初の約束を守る状態よりも改善されることになるから、ＡＢ間の約束が破られたとしてもこのモデルではだれも困らないことになる。

　ＡにしてもＢにしても、そんな取引はＣとしたくないというならば、本来の約束をまもればよい。もともと、基本関係においてＡもＢも困らない状態として約束したはずである。もっとも、Ｃが登場した後ではさらに得をするチャンスを失ったといえるかもしれない。

　このように見てくると、約束を破る権利はＡＢＣ間で取引されることになる。本来ならば、約束は守らなければならないはずであるが、法律の世界とは関係なく約束違反が市場で取引される可能性が理論的に成立する*。

　このように、当初の権利の割当とは関係なく、市場が最終的に権利の割当を決定するという原理をコースの定理という。これは、損害賠償のような外部不経済で、加害者、被害者のどちらに権利が割り当てられようとも、効率性の観点から市場が最終的に権利を割り当てるという考え方を契約の分野に応用したものである。

　不法行為の分野で例示しよう。工場排水が魚を死なせると仮定し、法律的観点からすれば、魚を死なせること自体に非があるが、死ぬ魚の価値と工場生産の価値を知らなければ、最終的な権利の割り当て（勝

敗の行方)は決まらないと考えられる。

　ただし、コースの定理には取引費用がかからないという条件がある。取引費用とは、取引のためにかかる費用で取引自体の対価ではない。取引を阻害する要因(情報収集費用、通信費、配送料、手数料など)である。取引費用が取引の便益に比してかかりすぎると、取引自体が発生しない可能性がある。

>　＊　約束を破る自由を認めると、正義の観念からは逸脱する。経済上効率的であっても、「約束は守るべきだ」——道徳原理と一致する——、したがって効率的約束違反を誘引する行為(あるいは契約相手の乗り換え)を許さないと裁判所が判断することもありうるであろう。アメリカ法では、競業禁止を約して営業権を譲渡し、別の者から促され当該契約を破棄した事案において、競争の自由よりも、契約の安定性を重視した判例がある(棚瀬孝雄編 2001『法の言説分析』ミネルヴァ書房、134 頁以下)。また、例えば不当な保険料の支払拒絶は、保険金の額が比較的少額である場合、保険会社としては少額の保険金の不払い率を高め資金を運用することも可能である。特に運用益が法定利率よりも高かければ、遅延をして最終的に法定利率をつけた保険金を支払うことになってもダメージが少ない。一見してこうした保険会社の行動は、合理的であり効率的な契約違反である。しかしながら、保険金請求者から見れば、保険金額が少額であるから泣き寝入りしやすいし、遅延利息をつけてもらっても速やかに保険金の支払いがなされなかった場合のダメージはすべて回復されるとは限らない。したがって不誠実な契約違反は、効率的契約違反であっても不法行為による損害賠償の対象となる可能性のあることをアメリカ法は示唆している(山下友信「不当な保険金支払拒絶についての保険者の責任」保険学雑誌 494 号 1 頁以下)。なお、不動産の二重譲渡に関連した 177 条の

運用・解釈には、競争の自由を認めつつも、正義の観念を持ち込んでいる（いわゆる背信的悪意者排除論のことである）と解することもできよう。

第2節　契約法の経済的機能

2-1 パレート最適

　例えば、Aが自己所有の車を一定の価格で売却したほうがその車を所有しているよりも経済的に改善されると感じ、Bがその価格の範囲内なら他の車よりもその車を所有するほうが改善されると感じたとしよう。経済学では、契約の両当事者にとって効率的な資源配分とみられる交換の範囲が存在すると説明する。またこの範囲において、両者ともより大きな効用[25]を得たと見ることができる。

　もしも交換をすることによってだれも悪化しないのであれば、交換（再配分）の結果はパレート優越であるという。そして交換がなされて両当事者の経済状態が改善されるならば、パレートの意味で改善があったという。そしてこれ以上パレート改善の余地がない状態をパレート最適（効率）という。そこで、パレート最適とは、ある資源配分について、ある個人がそれより有利な配分になるときは必ず他の誰かが不利になるならば、元の資源配分をパレート最適であると説明される。

2-2 配分上効率的な交換の促進

　　契約法の機能は、経済的観点からすると①効率性をともなう合意の

---

[25] 効用とは、個人がいくつかの選択肢からある選択をなすことによって得ると期待される便益ないし満足のことを指す。経済学では、個人は最少の費用で最大の効果を実現すべく行動するものと仮定されている（小林＝松岡 2001・49頁）。

みを強制すること、②取引費用を安くすることに分析可能である。

①については、市場で代替品の購入が可能であるのにあえて強制履行をする必要はないであろう。代替品の購入に必要な経費は損害賠償として請求すればよい。

②については、契約法の費用が交換で得られる利益よりも小さく、私的に契約法をつくる費用よりも安ければ、契約が締結されることに意味があるし、任意規定である契約法を前提として契約関係に入ることができる。

2-3 リスク配分

契約法は私的な危険（リスク）配分と関わっている。例えば、AがBという業者に引越しを頼むとすると、Aは同等のサービスでさらに安い値段で引き受ける業者はいないというリスクを負担し、Bは他にもっと儲かる仕事の機会（つまりAと約束を優先し別の大きな仕事を断ることがありうる）を失うというリスクを負担している。

契約成立の段階で、例えば手付けを打つのは、無理由解除権（手付けを放棄して勝手に契約をやめることができること）を購入すると考えることができる。契約後に発生するリスクの配分は危険負担の問題と関わるであろう。これらのリスクは予め民法典に規定されたリスク配分であると捉えることも可能である。

ただ、民法典に直接規定されていなくても、事後的に発生する危険について裁判所が介入することがある。事情変更の原則などがその例として考えられる。

2-4 分配上の帰結

分配上非効率であると法が介入する。例えば、未成年者の財産の保護である。自己の行為を理解できないか、自己の行為をコントロール

できない者が結んだ契約は、効率的な分配上の帰結をもたらさないと説明することがある。消費者を保護する理由として、情報の非対称性から市場が完全に働かないので、公正な交換をもたらすために法が介入するという発想がある。消費者被害の実態をみれば、古典的契約観が想定する取引ではなくて、搾取をもたらす過酷な取引であることが理解されよう。その他、譲渡担保の精算義務（いわゆる丸取りは分配上非効率である）、表見代理（取引の安全を害すると分配上非効率であるという発想から考えることができる）、敷金の返還請求（敷金がもどらないどころかさらに請求されるなど…）などがその例として考えられる。

第3章　契約の成立

第1節　契約の成立の意義

契約は、申込（例えば「売りたい」という表示）と承諾（その申込に対して「買います」という表示）による2つの意思表示の合致で成立することが原則である。民法典はこの原則を直接の規定していないが、521条以下の規定はこの原則を前提にしていると解することができる。民法典が想定する契約は、古典的契約観に立ったいわば切れ味鋭い契約の成立である。

契約が成立すれば、様々な債権債務関係が発生するので、例えば「約束を守れ」と請求したいのであればまず契約の成立を前提としなければならない。契約が成立していれば、その合意の内容を請求できるのである[26]。

民法が「合意原則」を採用している帰結として、申込みと承諾による契約の成立は本質的に重要である。もっとも契約の成立は、「申込と承諾」による契約の成立を基本としつつ様々な態様がある。

交叉申込による成立は、申込同士の内容が一致していることによって契約が成立する形態である。内容が一致しているので、意思表示が合致していると解せる。意思実現による成立は承諾の意思表示（黙示の承諾）と認めてよい行為をしている（526条2項）場合に契約の成立を認める。この他に、懸賞広告による成立（529条）、競売・入札による契約の成立がある。

---

[26] 馬券を購入しようとしたが発券機の故障のため、結果として万場券を購入できなかった場合に、契約の成立を認める余地があるだろうか（大村2007・51頁以下。同書は、機械による意思表示を観念することの可否、行為能力〔馬券購入者が未成年であった場合など〕の要否についてもふれている）。

そして、日常生活において、特に商品やサービスの供給の契約は、「申込と承諾」という当事者の意思内容の合致にその契約の本質を求めるよりも、契約内容が定型化され、企業側が予め用意した「約款」（事前に用意された契約条項のこと）に従うか従わないかというという、「附合契約」による形態の契約がより一般的であって、そこには契約当事者の意思の許容範囲ないし私的自治の許容する範囲は狭いものなっていることに注意する必要がある。

　こうした現象から契約における意思主義の妥当する範囲は、表示主義に傾倒してきたと解することもできる。また、社会的接触や社会的給付義務による「事実的契約関係」であって、意思ではなく事実から契約が成立するのだという理論が提唱されている[27]。

　こうして見てみると、契約の成立にあっては、厳格に「申込と承諾」を追究することよりも、両当事者間で交わされた一連の通信伝達の内容や当事者の行動を総合的に観察することによって、その成否を判断することが重要であり、それによって当事者がどのような内容について合意したかを確定することによって契約の拘束力が生じるといえよう。

第2節　申込と承諾の相関関係

　民法典には特に申込や承諾についての定義はない。申込は、相手方の承諾があれば、ただちに契約を成立させることを目的とした確定的な意思表示である。申込は承諾があるまで、申込の内容を被申込者に対して継続して発信していると言える。承諾がなされてもよい状態（承諾適格）の申込を申込に効力があるという。

---

[27] 近江 2006・26 頁以下。

承諾は、契約を成立させるために特定の申込に対してなされる意思表示である。承諾の形式は要式契約を除き自由であるが、承諾に新たな条件・期限をつけたりすることはできない。これをミラーイメージルール（鏡像ルール）という。変更を加えた承諾は新しい申込とされる（528条）。企業間の取引では、申込の誘引→申込→反対申込→承諾・・・というようにそれぞれの約款を戦わせて最終的に合意に至ることがある。このような契約の成立状況は、書式の戦い（battle of forms）といわれている。

承諾は、それが申込の内容に一致していれば、承諾のあった時点で契約は成立するので契約成立段階での駆け引きでは、申込は承諾に比べてイニシアチブをとれない。したがって、戦略的に申込をしてもらうという手法がとられることがある（人間関係一般でもそのようなことが多いであろう）。これが、「申込の誘引」である。申込と申込の誘引は区別される。申込の誘引によって、契約の成立に向けた交渉過程で承諾の側に立つことができる。求人広告やスーパーの安売り広告は申込の誘引とされる。

申込と承諾は、もちろん別々の意思表示であるが、「申込と承諾」を一組の法現象として、しかも相関関係的に観察して契約の成立を判断することになる。

承諾に期間が与えられていたり、通信手段によりコミュニケーションに時間のズレがあったりすると、申込と承諾の合致の判断に複雑な問題が生じることがある。民法は隔地者間の契約を想定しているが、現代のように通信手段が発達している場合は考慮が必要である。

電子消費者契約法3条（「電子消費者契約及び電子承諾通知に関する民法の特例に関す法理」）は、インターネットの取引等で、事業者側が消費者の意思を確認する画面を示さない場合に、消費者が意思表示しても95条但書の適用を排除すると規定する。つまり、事業者が確認画

面を示さないと、消費者は重大な過失がありながら契約を締結したとしても無効を主張できる。

第3節　申込の効力

3-1 申込者が承諾の期間を定めた場合

　申込者が承諾の期間を定めた場合、その期間は申込を撤回できない（521条1項）。ただし、隔地者間でその申込が相手に到達する前なら撤回可能である（97条1項：到達主義）。

　隔地者間契約では承諾期間内に承諾が発信された時点で契約が成立する（526条1項：発信主義［97条1項：到達主義の例外］）。ただし、承諾の期間内にその承諾が到達しなければ契約は不成立となる（521条2項：到達主義［526条1項の発信主義の例外］）。期間を定めた申込はその期間が経過するとその効力を失い、承諾が相対すべき申込が存在していないからである。

　延着した承諾が通常であれば定めた期間内に到達すべきものであった場合には、申込者は遅滞なくその旨を承諾者に伝えないと契約は成立したものとされる（522条1項、2項）。遅延した承諾は新たな申込とすることができる（523条）。なお、対話者間ではこのような問題は考えられず、申込と承諾が合致した時点で契約が成立する。

3-2 申込者が承諾期間を定めていない場合

　隔地者に対してなした申込に承諾期間の定めがない場合、申込者は承諾の通知を受けるのに相当な期間撤回できない（524条）。相当期間を経過した後、申込の撤回が承諾の通知を発した後に到達し、通常であれば承諾の発信前に到達すべきであると知ることができるときは、承諾者は遅滞なく申込者にその旨伝えなければ契約は不成立となる

（527条1項2項）。申込者は「契約は不成立」と思うはずであり、承諾者は通知をしなければ「契約を成立した」ものすることができないのである。

申込は、申込が撤回できない相当な期間を経過しても申込の効力が失われるわけでない。ただ、いつまでも承諾ができるのも不当である。申込の撤回がなくても相当期間経過すると申込の効力はなくなると解すべきである。商法には相当期間で申込が失効する規定がある（508条）。

ところで、対話者間では承諾期間に定めがない場合、承諾があるまではいつでも申込の撤回できると解するべきである。電話での申込と承諾を想定してみよ。対話が終わるまで承諾がなければ、申込自体が効力を失うと解せられる。商法ではその規定がある（商法507条）。後日、「承諾する」といってもそれは新たな申込であろう。

3-3 申込者の死亡又は能力喪失

意思表示の一般原則によれば、申込者が申込の意思表示を発した後に死亡または能力を喪失した後であっても、その効力の影響は受けない（97条2項）。すると、契約の申込も効力を失わず承諾によって契約が成立するのであろうあうか。民法は申込の効力について例外を設け、申込者が「反対の意思表示をした場合」と「被申込者が申込者の死亡または能力の喪失を知っていた場合」は97条2項を適用せず、申込の効力が生じない（525条）。このように処理してもだれにも損害（被申込者、申込者の相続人）を与えないというのが理由とされる。

「申込者の死亡または能力の喪失を知っていた」時期について、申込が発信されて到達するまでか、承諾の発信時までかについて議論がある。通説によれば、97条1項は意思表示の到達主義の原則を定めたものであるところ、同条2項は到達までのことを定めた注意的な規定

だから、その範囲に限って525条の適用があるとする[28]。裏を返せば到達以後、承諾者が申込者の死亡または能力の喪失を知っても525条は適用せず、97条2項の原則に先祖返りするという意味である。この説に立てば承諾者が申込者の死亡または能力の喪失を知っても、申込の拘束力は失われず契約が成立しうることになる。

しかし、申込到達後、承諾をなしうる期間（つまり到達から承諾の発信まで）にも適用があるとする見解が最近有力である[29]。通説にしたがうと、実際上適用の場面がほとんどなくなるというのがその理由である[30]。

第4節　承諾の発信主義

隔地者間の契約の成立時期について、民法は意思表示の到達主義の原則の例外として「発信主義」を採用している（526条1項）。契約の成立時期は「発信時」（契約締結地も発信地である）である。

これにはさらに例外があり、承諾期間を定めてなした申込についてはその期間内に承諾の通知を受けない場合には申込は効力を失うから（526条2項）、承諾の期間が定められている場合、その期間内に承諾の通知が到達しなければ（不到達を解除条件とする[31]）発信時に契約は成立しない。

では、「承諾期間の定めのない申込」に対する「承諾の発信主義」はどの程度まで貫徹されるのか。つまり承諾の通知が相手に届かなくても契約は成立するであろうか。

---

[28] 我妻1954・58頁。
[29] 内田2007・39頁。
[30] ちなみに、承諾者が死亡または能力の喪失という事態もこともありうる。いろいろ考えてみよ（田山2001a・18頁）。
[31] 田山2001a・18頁。

さまざまな説があるが、承諾が不到達であってもそのリスクは申込者が負担すべきとする徹底した考え方[32]から、承諾は不到達を解除条件として発信時に効力が発生する説などがある。

承諾の発信主義の制度趣旨は、契約の成立をできるだけ簡易かつ迅速しようとしたこと、換言すると、承諾の手紙の遅延（宛名の誤記、配達事情から生じる）や紛失（理由は不明なことが多いが、船の沈没など）から生じる過酷な結果を回避するためになんらかのルールが商業上の便宜のために必要とされたからである。

しかし、このルールは、発信時に契約が成立するとなると、その後承諾通知が到達するまでに承諾の撤回ができなくなるうえ、そもそも承諾の通知の不到達という事態は今日の郵便事情ないし通信事情の下ではあまり考えられないので合理性がないとして批判されている。契約の成立時期に関する世界の趨勢は、「承諾の到達主義」である[33]。

承諾の発信主義は、現代のように通信手段の発達していない状況で、遠隔地の相手方に郵便で意思疎通をしなければならない時代に生まれたものであるから、そこにはどうしても承諾の発信と到達の間に時間のずれが生じる。この時間のずれにともなうリスクをどちらが負担するかという問題が承諾の発信主義の背景にある。

承諾を発信した者は発信した後に契約が成立したものと思って履行の準備をはじめるから不成立から生じるリスク負担すべきか（到達主義）、あるいは申込者は契約が成立しなかったものとして次の行動に出た場合にそれ以前に発信された（あるいはたとえそれが最終的に不到達であっても）承諾によって成立した契約に拘束されるべきかというリスクである（発信主義）。申込者は、契約が成立したどうかということを知らなければ不安定な地位に置かれる。承諾の発信主義はこのリ

---

[32] 発信主義が生まれたイギリス法での基本的立場である（postal rule）。
[33] 加賀山 2007・64頁以下。

スクを申込者に負担させている。しかし通信手段の発達した今日では、遠隔地に対する相手でも即時の意思疎通が可能であるから、承諾の発信主義は制限的に解するべきであり、申込者のリスクを回避させる方向に制度設計する方がよいであろう。さらに、承諾の発信主義は申込の撤回との関連でも問題となる。承諾を到達主義にすると、申込の撤回は承諾が到達するまで可能であるという帰結を導くことができるが、発信主義にすると発信の時点で確定的に契約が成立しているので、申込の撤回をすることはできなくなる。

電子消費者契約法（2001年）4条は、承諾の到達主義を採用し526条1項と527条の適用を排除した。インターネットなど（ファクス、テレックス、留守番電話も含む）の電子的方法を用いて通知を発する場合は瞬時に相手方に到達するため承諾の発信主義が前提としていた遠距離通信の時間のずれという前提を欠く。ゆえに到達主義に転換したものである。承諾の到達主義を採用すると承諾の効力は到達時点で発生し、契約締結地は承諾の到達地である（別段の意思表示がなければ申込がなされた場所であろう）。

なお、同法が527条を排除したのは、同条では承諾者が承諾を発信した後に申込の撤回の通知を受け取り、普通ならばその撤回の通知が承諾の発信前に到達すべきであったと知ることができるなら、それを知らない申込者に通知しなければならないところ、承諾の到達主義を採用すると、承諾者は契約が成立したかどうか、つまり撤回の通知到達前に承諾が到達したかどうかを判断をしかねる状態が生じ、申込の撤回の延着の通知を出さないと契約の成立を主張できない事態になるからである。

申込の効力と承諾の発信主義（まとめ）

効力	申込に承諾の期間の定めあり	申込に承諾の期間の定めなし
効力発生時期	到達主義（97条1項）、意思表示の一般原則	到達主義（97条1項）、意思表示の一般原則
申込の撤回	期間中撤回不可（521条1項）。ただし申込到達前撤回可能（97条1項）	相当期間撤回不可（524条）。 相当期間経過後、承諾の発信後に申込の撤回到達、通常なら承諾の発信前に撤回到達すべきものなら承諾者に通知義務あり（527条1項）。怠ると契約不成立（527条2項）。但し電子的契約は、通知の必要なく契約成立（法4条：527条排除）。 対話者間では承諾があるまではいつでも申込の撤回が可能
申込の効力喪失時期	期間経過後	相当な期間経過後
契約成立時期	隔地者間の契約では承諾の発信時（526条1項：97条1項の例外）。但し、期間内に到達必要。電子的契約は到達時（法4条）。	隔地者間の契約では承諾の発信時（526条1項：97条1項の例外）。申込の効力喪失以前の発信は不到達であっても発信時に契約成立。申込の効力喪失後の発信は契約不成立。電子的契約は申込の効力喪失以前の承諾到達時（法4条）
延着した承諾	通常期間内に到達すべき承諾は、申込者に通知義務あり（522条1項）。通知義務怠ると契約成立（522条2項）。	申込の効力喪失以前の発信であれば契約成立。電子的契約は申込の効力喪失以前の到達必要（4条）
申込者の死亡または能力喪失	申込発信後は効力に影響しない（97条2項）。但し申込者が「反対の意思表示をした場合」「被申込者が申込者の死亡または能力の喪失を知っていた場合」は契約不成立（525条）。	同左

第4章　契約の効力—序論

第1節　契約の有効要件

　契約は、申込と承諾によって成立することをこれまで学んできたが、いったん成立した契約が有効であるためには有効要件を充たさなければならない。

　この意味で、成立要件と有効要件は別である。契約が成立していなかったというレベルの議論（そもそも意思表示の合致はなしとして契約を不成立としたりすることがある）と、成立したが取消可能（無効も含む）であるというレベルの議論を分けて考える。

1-1 意思表示の主体の能力（代理権限）の問題

　まず申込と承諾は意思表示であるから、この意思表示について契約の当事者に意思能力・行為能力がなければならない。また代理行為で意思表示がなされた場合は、代理行為が代理権の範囲であるか、無権代理行為として無効とされるか、表見代理の成立する余地があるかどうかという問題が生じうる。意思表示が法人によってなされた場合は、法人の権利能力の範囲かどうかを論じることもありうる。

1-2 内心の意思と表示上の意思の合致の問題

　一方の契約当事者の意思と表示が不一致であると、意思表示の欠缺（けんけつ）の問題として心裡留保（93条）、通謀虚偽表示（94条）、錯誤（95条）の問題として契約が無効となる。さらに意思と表示が合致はしていても、詐欺や強迫（96条）のように自由な意思形成が阻害されている場合に契約は取消可能となる。

1-3 合致した内容の問題

合意した契約の内容が、①確定し、②実現の可能性があり、③適法でなくてはならない。

①確定性：契約の目的物・数量が確定していなければならない。

②実現可能性：契約がそもそも原始的に不能であった場合、契約は無効になるというのが通説である。ただし、契約は有効であるとして契約目的が達成できないので契約不履行の対象と解し、解除の問題として処理することも可能である。契約の内容が後発的に不能となった場合は、危険負担（534条〜536条）か履行不能（415条、543条）の問題となる。

①適法性：強行法規・公序良俗（90条）に反しないことである。

第2節　契約の一般的効力

民法上の債権契約の一般的効力として以下がある。

①履行請求そして現実的履行の強制（414条）、契約の内容について不履行があった場合（＝給付に障害が発生すると言ったりする）、損害賠償を請求することができる（415条）。

②双務契約の場合相手の履行が遅れていたとすると、相手の契約の実現をいつまでも待つ必要もなく（不能の場合はまったく待つ必要がない）、契約を解除することもできる（543条）。

③契約上の権利（例えば貸金債権）を担保するため、債務者の財産を膨らませ（債権者代位権：423条）、あるいは流出を防ぐことも可能である（債権者取消権：424条）。

④さらに、売買契約であれば、契約の目的物に瑕疵があれば担保責任が生じる（570条）。以上のうちで、①③は債権総論の講義で扱われ、②④は債権各論の講義で扱われるのが通常である。

第3節　双務契約の特殊な効力

　双務契約は、当事者がお互いに対価的意義を有する債務を負担している契約である。例えば土地の売買を想定してみよう。代金支払債務（α）と引渡・登記移転義務（β）は互債務または債権が引き合っている状態であると説かれる。そして、この関係をとくに「双務契約上の牽連関係」という[34]。

　この牽連関係に焦点を当て、民法では公平を図る制度をいくつか置いている。またそれらの制度は双務契約上の特殊な効力として位置づけられている。以下3つの効力がある。

3-1 債務の成立上の牽連関係

　契約が成立したときにすでに相手方の債務が不能であった場合に契約は当然無効であると解されている。αが無効だからそれに引きずられてβも無効と考えるのである。ただし、すでに述べたように無効とせずに有効としたうえで契約を解除するという考え方もある。

3-2 債務の履行上の牽連関係

　互いの債務が履行期に達していると、わが国は同時に履行せよという主義を採用している（533条）。先履行主義の国もある。広く債務が行われていないという状態を債務不履行とするならば、同時履行の抗弁権は、契約一般の効力としての救済手段に訴える前に、暫定的手段

---

[34]　「牽」という文字は、牽引車の牽である。「冖」は綱を表し玄はそれが張っている様子を表す。牛は生贄のために引かれていく動物を意味する（「新漢語林」2004年、大修館書店）。

として用いることがきる[35]。

3-3 債務の存続上の牽連関係

　建物の売買のように双務契約では売主Aと買主Bの双方が債務を負っている状態を仮定する。目的物引渡義務(債務 α)、代金支払義務(債務 β)が牽連関係にある。

　ここで、建物が売主になんらの責めなく焼失したとする。このように債務 α が売主に帰責事由がなく消滅した場合に、①債務 α の消滅という危険の負担を債務者Aに負担させるべきか(反対債務 β の代金支払を請求できない)、②債権者Bに負担させるべきかという問題がある(代金支払債務が残る)。α が消滅した際に β の帰趨の処理のことを「危険負担」(対価危険ともいう)の問題という。

　①の場合 α は消滅し、Aは反対債務 β の権利を失う(α の危険をAが負っている)。これを危険負担における債務者主義(536 条)という。②の場合、Aは反対債務 β の権利を失わず、Bが β を負担する (α の危険をBが負っている)。これを危険負担における債権者主義という(534 条 1 項)。

　詳しくは 6 章で学ぶ危険負担は初学者にとっては理解しづらいだろう。理解の鍵となるのは、消滅した債務 α を中心として「債権者」と「債務者」が論じられている視点を見失わないことである。

---

[35] 大村 2005a・39 頁。同書では、債務不履行を広義と狭義に分け、前者における債務が履行されていない状態で、同時履行の抗弁権は暫定的手段として、また危険負担は両当事者に帰責事由がない場合の処理として位置づけられている。

第5章　同時履行の抗弁権

第1節　同時履行の抗弁権の意義

　同時履行の抗弁権は、双務契約における履行の牽連関係から生じる効果である。相手方が債務（契約の内容）の履行を提供するまで、自己の債務の履行を拒むことができる制度である（533条）。例えば売買において、売主は目的物を引き渡すまで買主は代金の支払いを拒むことができる。同時履行の抗弁権は、一時的に履行を拒絶することによって、相手方の履行を促すまたは担保する機能を有している。

　両債務は同時に履行されるべきとする「公平維持」ないし「公平の観念」に基礎を置く制度である。

第2節　留置権との異同

　同時履行の抗弁権は、自らの履行を拒むことによって相手方の履行を担保する制度であるから、留置権（295条）と同じ機能をもっている。両者とも究極的には公平の観念を基礎とする点で共通している。

　もちろん、同時履行の抗弁権＝債権（留置権のような制限はない：拒絶できる給付の内容を問わない）と留置権＝物権（「物によって生じた債権」から発生：他人の物を留置するにとどまる）との違いはある（巻末補助資料参照）。

　しかし、物権の性格たる対世的権利[36]の区別からすると、両者に本質的相違ではないという指摘もある（債権譲渡の対抗要件、不動産の公

---

[36] だれにでも主張できる権利という意味。絶対的権利ともいう。債権は対人的権利であり、物権に比して相対的権利であると説明される。

示などで考えてみよ）[37]。

　通説判例は、両制度がそれぞれの要件を充足するならどちらの権利を行使してもよいとしている。自動車の修理の例を考えてみる。修理業者は、留置権と同時履行の抗弁権を持ち、修理依頼者は修理代金請求について同時履行の抗弁権をもつ。

第3節　同時履行の抗弁権の行使の要件

3-1　同一の双務契約から生じた両債務が存在していること。

　本来の同一性が存在している限り、同時履行の抗弁権は存続する。例えば、一方の債務が給付不能（履行不能）になって損害賠償債権に変じても抗弁権は存続する。

　債権の譲渡・債務引受があった場合、抗弁権は契約当事者に付着して存続する。債権者または債務者の交替による更改（新しい契約をつくること）があると抗弁権は存続しないと解されるが、具体的処理に当たっては困難である[38]。相続・合併、契約上の地位の引受けなどは、債権債務に同一性があるから抗弁権は存続する。同時履行の抗弁権は、双務契約の履行以外の場面でも拡大して適用されている。

3-1-1 明文上の準用[39]。

① 解除における原状回復義務（546条）

　例えば、土地の売買が解除されたとすると、土地の返還請求（占有と登記の返還）と代金返還請求は同時履行の関係にある。原状回復義務の性質については争いがあるが、原契約関係が消滅するので過程の

---

[37] 加賀山 2007・201 頁。
[38] 田山 2001a・35 頁。
[39] 以下の記述の基本的構造は、近江 2006・42 頁以下に拠っている。

処理については、本来の双務契約の履行上の牽連関係とは別個の考慮が必要である。

② 負担付贈与（553条）

負担付贈与は負担と贈与が対価関係にあるから（贈与は本来片務・無償契約である）、同時履行の関係が成立する余地がある。ただ、契約の性質上、先履行[40]の可能性もあるであろう。例えば親の老後の扶養をするという義務を引き受け、親から土地の贈与を受けた場合には、その負担の履行は土地の引渡しを受けた後になるであろう。

③ 売主の担保責任に基づく解除の義務履行（571条）

瑕疵担保によって売買が解除されると（570条）、原状回復義務が生じるので、代金返還義務と売買の目的物の返還義務とは同時履行関係にある。

④請負人の瑕疵修補請求関係（634条2項）

請負は、仕事の「完成」と報酬が対価関係に立つ。目的物に瑕疵があり、注文者が請負人に瑕疵の修補または損害賠償を請求すると、注文者は修補または損害賠償があるまで報酬の支払いを拒絶できる。もっとも、瑕疵修補の請求をせず瑕疵があるということだけで、報酬の全額の支払いを拒絶することは不当な場合があるであろう。

⑤ 「抗弁権の接続」（割賦販売法）

割賦販売法における一定の要件において、同時履行の抗弁権が双務契約の相手方以外に主張できる場合がある。信販会社のクレジット*を利用して商品・役務を購入したが、その商品や役務に問題があると販売業者にだけに主張すべきところ、信販会社にも主張できる制度である（同法30条の4）。このように、販売業者に対する抗弁を信販会社にも向けることができることを「抗弁権の接続」という。

---

[40] 契約の一方当事者が、他方の当事者よりも先に自己の債務を履行すること。

購入者は、双務契約の相手方ではない信販会社に対して、同時履行の抗弁の主張以外にも、契約の無効、取消、解除、債務不履行、瑕疵担保責任等を主張して未払金の支払いを拒絶できる。既払金については 2008 年改正法によって返還が可能になった。

> ＊「割賦購入あっせん契約」または「ローン提携販売」という。信販会社は販売業者に代金を立替え払いし、信販会社（割賦購入あっせん業者）は購入者から支払いを受ける。2 ヶ月以上後払いであれば、1 回払いでも割賦販売法の適用を受ける。購入者と信販会社との間に対価的双務性はないが消費者保護の観点からこのような制度が設けられた。

3-1-2 解釈による拡大適用

① 契約の無効・取消による不当利得返還義務

上述したように解除には明文の規定があるから、契約の無効・取消があった場合にも認めてよい。

② 弁済者には弁済受領者に受取証書交付請求権がある（486 条）。弁済と受取証書（弁済の証拠となる文書で形式は問わない）の交付について、両者は直接対価関係にないが判例上同時履行の関係に立つとされている[41]。二重の支払を防止する意味で妥当である。ただし、弁済と債権証書の交付は同時履行の関係にないとされる。受取証書の交付を受けておけば足りるからである（証書紛失を理由に弁済を拒絶されることもない）[42]。

③ 不動産売買において、代金支払義務と登記協力義務は同時履行の関係にあるとされる。そうなると、売主が登記移転について履行

---

[41] 大判昭 16 年 3 月 1 日民集 20 巻 163 頁。
[42] 田山 2001a・38 頁。

を提供すれば、買主は特別の事情がないない限り、買主は不動産の引渡しがないことを理由に代金支払いを拒むことはできない[43]。

④ 借地契約の終了にともない建物買取請求権が行使された場合（借地借家法13、14条）の地主（買主）の代金支払義務と、借地人の土地明渡義務は同時履行の関係に立つ[44]。ただし、借地契約が終了しているわけであるから、継続して土地を使用している借地人は不当利得の返還をすべきである。

⑤ 建物の賃貸借の終了にともない造作買取請求権を行使した場合（借地借家法33条）、造作引渡義務と家主の代金支払義務は当然にして同時履行の関係に立つが、家主の代金支払義務と借家人の「建物明渡」は同時履行の関係に立たないとするのが判例である[45]。

⑥ 賃貸借の終了にともなう敷金返還義務と土地・建物明渡義務とは、議論の多いところである。敷金は契約終了時に賃借人に債務不履行があるとその損害金（滞納家賃、不注意による家屋の損壊等）を差し引いて返還されるものである。一応賃貸借契約とは別個の敷金契約として観念できる。

この問題は、敷金によって担保される債権はどの時点までかで見解が分かれる。つまり敷金の被担保債権が、賃借不動産の明渡し前であって賃貸借契約終了時までとすると、敷金返還請求権は発生しているからこれを担保するために明渡義務と同時履行の関係にあると解することができ、敷金の返還を受けるまで明渡しを拒むことができて賃借人に有利である。

他方、敷金の被担保債権は明渡しまでだとする見解によれば、明渡

---

[43] 大判大7年8月14日民録24輯1650頁。
[44] 大判昭18年2月18日民集22巻91頁、最判昭35年9月20日民集14巻11号2227頁など。
[45] 最判昭29年7月22日民集28巻6号1152頁など。

しの先履行義務があるから両者は同時履行の関係に立たない。判例は、敷金契約は賃貸借契約に付随するものであるが、賃貸借終了にともなう家屋明渡義務と敷金返還義務は双務対価性がなく、両債務の間に著しい価格の差を生じうることもあり、敷金は家屋の明渡しまでの一切の債務の担保を目的とするものであるから同時履行の関係にはないとしている（敷金契約については 14 章 7 節参照）[46]。

⑦　賃貸借契約において賃貸人の賃貸物修繕義務（606 条）と賃借人の賃料支払義務は同時履行の関係にあるとされる[47]。ただし、修繕義務が履行されないことによって目的物が使用収益されない場合を要する。

3-2 双方の債務が弁済期にあること

同時履行の抗弁権は双方の債務が弁済期になければ、行使することができない（533 条但書）。一般には、一方が先履行義務を負うことが多い、賃貸借（614 条）、請負（633 条）、委任（648 条）などでは、同時履行の抗弁権を行使できない*。

> *不安の抗弁権　先履行義務を負う場合であっても「不安の抗弁権」を行使して先履行義務を拒絶することが可能である。例えば、工事の途中で発注者が手形を不渡りにするなど期日に支払いをしないことが明らかなとき、請負業者は途中で工事を中止したり、建物の引渡しを拒否したりすることができるとする法理。信義則上容認する判決例がある。債権法改正の中間試案では、不安の抗弁権を明文化しようとする提案がある。

---

[46] 最判昭 49 年 9 月 2 日民集 8 巻 7 号 1425 頁など。
[47] 大判大 10 年 9 月 26 日民録 27 輯 1627 頁など。

3-3 相手方が自己の債務の履行または提供をせず請求してきたこと

一部または不完全な履行の場合、可分・不可分で扱いが異なる。可分な場合、未履行部分について履行の拒絶が可能である。

一旦債務の提供があったからとはいえ、履行の提供を継続しなければ抗弁権は存続する。つまり、当事者の一方は相手方の履行があってもその履行が継続されないと抗弁権を失はない。そうでないと、履行の提供によって当事者の一方の抗弁は消滅するから、相手方が一旦履行をして継続をしないと不当に抗弁権が奪われる結果となる。ただ受領遅滞を招いた当事者は抗弁権を失うリスクを負担すべきとの考え方もある。

第4節　同時履行の抗弁権の効果

被告が抗弁権の主張をしないと、裁判所は単に原告勝訴の判決を下すことになる（引換給付判決）。抗弁権を有する債務者は履行遅滞とならない。

抗弁権の付着する債権は、相殺の自働債権となしえないと解されるべきである。例えば売掛代金を自働債権として、売主が買主に負っていた同額の貸金債務を受働債権として相殺を許すと、売主が契約の目的物を引渡さない状態で、事実上、買主は代金の支払いを強制されることになり買主の抗弁権が不当に奪われる結果となる[48]。

ただし、請負人の報酬請求権と注文者の瑕疵修補請求関係（634条2項）は、債権額が異なる場合であっても相殺することができる。

---

[48] 田山 2001a・45 頁。

第6章　危険負担

第1節　危険負担の意義

　危険負担とは、双務契約成立後一方の債務が消滅し履行が不能になった場合に、反対債務を負担するかどうかという問題である。

　双務契約における、存続上の牽連関係から生じる効果としての危険負担についてはすでにふれた（4章3節）。危険負担における危険とはいかなる状態を指すのか。「危険」とは一方の債務が消滅した場合である。そしてここでの消滅は契約成立後の消滅を指している（後発的不能）。契約が成立した段階ですでに債務が消滅している場合は、その契約はそもそも無効であると伝統的に解されている（原始的不能）。

　危険負担における「負担」とは、「問題の債務」が消滅した場合（または不能に帰した場合）、その「反対債務」が存続するか否かの問題になる。存続した場合は消滅した債権の債権者の負担となり、存続しない場合は債務者の負担となる。つまり、危険について生じた損失を債権者または債務者のどちらが負担するのか、という意味における負担のことである[49]。危険が宙に浮いたままというわけにはいかない。理解するための手始めのポイントは、消滅した債務の内容についての債権者、債務者の視点をもつことである（巻末資料参照）。

　「危険」には4つの類型があり、それぞれ法的処理が異なる。その分け方の基準は、帰責事由と契約の種類による（下記表を参照）。

　①　債務者に帰責事由がありかつ債権者に帰責事由がない場合、債務者の債務不履行の問題になる（415条）。契約の目的物が特定物の場合、債権者は損害賠償（填補賠償）を請求することができる。しかしこ

---

[49] 加藤2007・61頁以下。

の危険については、本来債務者が負っている債務について不能が生じ、債務は損害賠償債務（填補賠償）に変じており——つまり本来の債務と同一性を保持している——、牽連関係は存続している。ゆえに同時履行の関係に立つ。契約の解除も可能である。この場合双務契約の牽連性が存続していると見て、危険負担における債権者主義また債務者主義の問題とはならない。ちなみに契約の目的物が不特定物の場合、特定前には不能という問題は起きないので債務者は調達義務がある。特定後は、特定物の場合と同様の扱いになる（詳しく債権総論で学ぶ）。

② 債務者に帰責事由がなくかつ債権者に帰責事由があって債務が消滅した場合は、その責任は債権者が当然負うべきである（534条1項、536条2項）。債権者主義である。ここでは牽連関係はなくなると説明される。消滅した債務に引きずられることはないから、他方の債務（債権者の債務）のみ残ってしまうことになり、債権者が損失を負担することになる。契約の目的が特定物の場合、534条1項は「債務者の責めに帰すことができない事由」とあるから、債権者に帰責事由がある場合も本条の適用がある。したがって特定物の売買では代金債務が残る。これ以外の双務契約で、債務者は「反対給付を受ける権利を失わない」（536条2項）。例えば劇場主（債権者）の失火で、そこで出演契約していた歌手（債務者）が出演できなくなるとすると（歌手の債務が不能に帰する）、歌手は出演料を請求できる（劇場主の出演料支払債務が残る）。

③ 双方に帰責事由がある場合は、債務不履行の問題としつつも、債権者の過失として過失相殺の適用がある（418条）

④ 問題は、双方に帰責事由がない場合である。建物の売買のように特定物に関する物権の設定・移転を目的とする契約においては、債権者が損失を負担する。つまり、代金を支払う（534条1項）。債権者主義である。牽連関係はなく②と同じ状況である。それ以外の双務契約にお

いて債務者は反対給付を受ける権利を失う(536条1項)。例えば②例で、劇場が地震で倒壊したとすると、双方の責任でないから、歌手は出演料を請求できない。

危険負担の4つの類型　帰責事由の有りを▼、無しは△で表現

	債権者	債務者
①	△	▼
②	▼	△
③	▼	▼
④	△	△

以上の危険負担(後発的不能)の問題を表にまとめると以下のようになる。ただし、①と③は一般的には債務不履行の問題として処理される。

契約の分類 責任の所在	特定物の物権の設定・移転を目的とする契約	左記以外の双務契約
①債務者のみ	債務不履行(損害賠償または解除) 双務契約の履行上の牽連関係あり	債務不履行(損害賠償または解除) 双務契約の履行上の牽連関係あり (不特定物の場合、特定以前に危険負担の問題は起きないことに注意せよ)
②債権者のみ	債権者主義(534条1項) 存続上の牽連関係なくなる。	債権者主義(536条2項) 存続上の牽連関係なくなる。
③双方にあり	債務不履行(損害賠償または解除) 双務契約の履行上の牽連関係あり。 ただし、過失相殺あり(418条)	債務不履行(損害賠償または解除) 双務契約の履行上の牽連関係あり。 ただし、過失相殺あり(418条)
④双方になし	債権者主義(534条1項) 存続上の牽連性なくなる。	債務者主義(536条1項) 存続上の牽連関係は残る(一緒に反対債務も消滅) (不特定物の場合は、特定してから債権者主義になる:534条2項)

第 2 節　債権者主義

　債権者主義の根拠（534条1項）としては様々説かれている。
　「利益の損するところ損失も存する」、つまり買主（債権者）は転売等の利益を得られるのであるから危険も負担すべきである（もっとも下落の危険も買主は負担している）。
　「所有者は損失も負担すべし」、つまり176条によって所有権は債権者に移転しているのだから、債権者がその危険を負担すべきである。
　「483条の現状引渡し義務から説かれる」、つまり特定物の場合は現状のまま引き渡せばよいのだから、債務者に帰責事由がない場合、目的物が滅失した場合でも責任を負担する必要がない。
　「危険は買主にあり」、つまり、買主は常に注意しなければならない（ローマ法に由来）。
　債権者主義は、特定物に関する物権の設定・移転を目的とする債務が後発的不能（不可抗力など）に帰し、債務者に帰責がない場合（534条1項の文言）、双方に帰責がない場合に適用される。債権者に帰責がある場合は536条では2項に規定している。
　後述するように、危険負担の問題は債務者主義が民法の原則となっている。しかし特定物の物権の移転についての売買は契約の最たる典型であるから、例外と原則が逆転している状況になっている。
　そもそも契約が原始的不能の場合は、契約が無効となり（結果的には債務者主義と同じである）、後発的不能の場合に債権者主義を採用するのは不公平であるとして、債権者主義の妥当性については疑問視されている。
　そこで、その適用範囲を制限しようという解釈が試みられている。つまり例外の範囲を狭くして、原則である債務者主義の範囲を拡げようとする試みである（巻末資料参照）。

①　534条は任意規定であるから、534条を排除する当事者の意思をなるべく認めようとする。実務ではほとんどの場合、引渡しまでは債権者主義を認めないとする特約をつけることがむしろ普通である。

②　債権者主義の根拠は、契約によって目的物が債権者の支配に属するという点に求められるので、目的物の支配可能性移転時期から534条を適用する考え方がある。例えば、物権の移転も契約の成立を単に基準とするのではない（取引の通念）という発想に依拠しつつ、「危険」の移転時期を、目的物の引渡し、代金の支払い、移転登記の時期に延ばすという解釈が可能である[50]。なお、原則として、このように「引渡し」があるまで、債権者主義を適用しない、つまり債務者主義の原則とすると、後述する解除制度とも関連する。解除には帰責事由を必要としない立場（とにかく給付が不可能になると解除を認めようとする考え方）に立つと、解除が可能となり債務者主義は解除制度と重なる。

③　不動産の二重売買、他人物売買などの変則的取引では債権者主義を適用するのは不当な場合があるであろう。不動産の二重売買で、後発的不能において双方の債権者から代金を取れるのはおかしい。どちらかが登記を備えなければ債務者主義によるべきである（代金を受けとっていれば返却すべき）。他人物売買も同様に解される。割賦販売などの所有権留保売買は、商品の引渡し以後代金完済まで債権者主義とすべきである。

④不特定物の場合も534条2項により特定されたときから債権者主義が適用されるから場合によっては、②によってその適用範囲を制限することが可能である。

---

[50] 田山2001a・52頁以下。

第3節　債務者主義

　双務契約にける危険負担において536条1項は、債務者主義を規定している。「前2条に規定する場合を除き、双方の当事者の責めに帰することができない事由によって」と規定しているので、条文上は534条と535条以外は債務者主義が原則となっている。債権者主義は批判の的になっており債権者主義が妥当する範囲を狭く解釈すれば、原則の範囲が広く適用されることになるであろう。

3-1 債務者主義の適用範囲
　①　双方の責に帰すべからざる事由による履行不能に適用される。債務者の責めに帰すべき場合に履行不能となった場合は、債務不履行の問題である（415条後段、543条）。債権者の責めに帰すべき場合は、536条2項が規定しており、債務者主義の適用範囲を制限している（但し同条2項但書の代償請求権は債権者にある）。なお、契約の解除の要件について、最近の学説を踏まえて債務者の帰責事由を外すならば、536条は、結果として契約解除と同じ機能を果たすことになる（損害賠償は別に考える）。536条は、541条か543条に吸収されると再構成することが可能である（本章4節参照）。
　②　特定物に関する「物権の設定・移転」以外の事項に適用される。賃貸借、雇用、請負、委任等が考えられる。
　③　特定物に関する物権の設定・移転であっても、すでに述べたように目的物の「引渡し」等債権者の支配領域に至るまで、債権者主義を適用しないという解釈を用いれば、債務者主義が適用される。なお、特定物に関する物権の設定・移転で条件付双務契約の場合、条件の成否が未定の場合は債務者主義が適用される（535条1項）。

例えばAが大学に合格すれば、Bが所有する中古のバイクを売るというような契約の場合、バイク滅失後に大学に合格したとしても代金を請求することはできない。

④　不特定物については、「特定」以前は債務者主義である。

3-2 債務者主義の効果

債務者は反対給付を受ける権利を失う。劇場で出演する契約（「出演する債務」の債権者は劇場主）をした歌手は、不可抗力によって出演できなくなった場合（出演する債務が消滅すると考える）、反対給付（出演料）を請求する権利を失う。アパートを賃借しており、アパートが隣家の火災の類焼によって焼失したとすると、家主の貸す債務は消滅し賃料も請求できない（受け取っていれば返却する）。その他、飛行機が悪天候で欠航したら、消滅した債務は「目的地に運ぶこと」である。運賃は債権者に返却することになる。

第4節　危険負担制度の廃止案

債権法改正中間試案では、534条、535条及び536条1項の規律を廃止すべきとの提案がなされている。双務契約において一方の債務が消滅する場合の反対債務の帰趨を、危険負担という枠組みではなく債務不履行の一形態と捉え解除制度の守備範囲としようとするものである（契約解除一元化論）。この場合、両債務に存続上の牽連関係はないので反対債務は自動消滅せず契約は存続する。消滅した債務は、債務者の帰責の有無にかかわらず、履行不能状態（重大なる契約違反）と見て、債権者は契約を解除し反対債務を免れることができる。ただし、この場合解除制度は債務者の債務者の帰責事由を要件としないことに注意を要する（8章3節参照）。反対債務を免れるためには解除権の行

使が必要となるが、契約を存続させる選択の余地を解除権者に残すことができる。債権者主義を例にとる。建物の売買で、引渡し前に建物が原因不明で焼失したとする。買主は、貸主の履行不能と捉え、契約を解除して代金支払いを免れることも、もしも売主が履行不能で生じる結果の保険に入っていたとすれば、その保険請求権を代償請求[51]することもできる（この場合代金債務は免れない）。

---

[51] 債務が履行不能になって、その不能と同一の原因によって債務者が利益を得た場合、債権者がその利益を契約の目的物に代わる範囲で移転を請求できる制度。

第7章　第三者のためにする契約

第1節　第三者のためにする契約の意義

　当事者の一方が、第三者に直接債務を負担することを約する契約である（537条1項）。第三者の契約当事者のうちで、第三者に債務を負担する当事者を諾約者（債務という約束を引き受けた者、受約者ともいう。Bとする）といい、その約束をさせた相手方当事者を要約者（約束者ともいう。Aとする）という。第三者は受益者（Cとする）という。ABの法律関係を補償関係（Cの受益を補償する法律関係）、BCを給付関係、ACの関係を対価関係（受益の原因、つまり給付関係の対価という意味）という。例えば、A（売主）とB（買主）の不動産の売買で、代金をBがCに支払うという法律関係である。この場合、AがCからお金を借りているというような対価関係があると、簡易な弁済を行うことができる。

　ABの法律関係は原則的に第三者Cに及ぶことはないが（契約の相対性）、Cが不利益を被らない限り一定の場合（Cが受益の意思表示をすれば）にCにも契約の効力を及ぼそうというのが制度趣旨である。

第2節　第三者のためにする契約の成立要件

① 第三者のための契約（補償関係）が有効に成立していること。
　対価関係とは無関係である。ゆえに、例えば、補償関係が錯誤で無効になると、BはCに錯誤無効を主張することができる。逆に対価関係が錯誤で無効になったとしても、補償関係に影響を及ぼさない。
② 第三者に直接権利を取得させることが契約内容になること（537条本文）。

諾約者Bは、Aの代理人ではない。ＡＢの意思表示がＣに影響を及ぼすのである。Ｃは契約の当事者ではない。代理関係ではＣが直接の契約当事者となるが、第三者は本人ではないからである。
③　第三者は契約締結当時現存していなくてもよい。
　胎児や設立前の法人でも可能である。受益の意思表示をする段階で権利能力があればよい。

第3節　第三者のための契約の効果

3-1 第三者

　第三者Ｃは、直接、諾約者Ｂに給付を請求する権利を取得する（537条2項）。権利を押しつけるのは不当であるからこのような規定をしたとされる。それゆえ第三者に代金の一部を支払わせるなど、負担を与えてもよいと解されている。
　Ｃが受益の意思表示（黙示でも良い）をしたときに権利が発生する。この意思表示の性格は、形成権であり、要約者の権利とともに時効消滅する。
　Ｃが受益の意思表示をしないときまたは意思表示を拒絶したときは、第三者のためにする契約は履行不能により消滅すると考えられている。
　ＣはＢの債務不履行に対して損害賠償を請求できる。Ｃが受益の意思表示をした後であればＢはＣに対して債務を負っているからである。例えばＢの建物引渡し債務が不能に帰したとするとその損害賠償はＡではなくＢに対してである。

3-2 諾約者

　第三者の権利が発生した後は、当事者はこれを変更し消滅することはできない（538条）

Bは、Aに対する抗弁（補償関係の無効、取消、同時履行の抗弁権）をもってCに対抗しうる（539条）。Bは債務不履行による解除（解除の意思表示自体はAに対してなされる）の効果をもCに主張しうる。Cは、補償関係の当事者ではないから、補償関係について解除権や取消権を主張できない。

3-3 要約者

　Bに対するAとCの関係は連帯債権に類似している。AはBに対してCに履行せよと主張できる。AはCの受益の意思表示後も契約の解除ができると解される。なお、AはCと重ねて損害賠償を請求することができない。

　なお判例では、電信送金契約（現在では廃止）が第三者のためにする契約であるか争われたことがある。Cへの誤振り込みに対して、送金をうけるべきXが被仕向銀行Yに支払いを求めた事件について判例はこれを否定する[52]。振り込みは依頼人Aと仕向銀行B、BとY、Yと受取人Xとのそれぞれの準委任契約であると解するのが一般的である[53]。AB間の電信送金契約、またYB間の電信為替取引契約が、Xのための契約かどうかは契約の解釈の問題に帰することになるであろう。

---

[52] 最判昭43年12月5日民集22巻13号2876頁など。
[53] 内田2007・80頁。

第8章 契約の解除

第1節 解除の意義

　解除とは、契約が締結された後に、その当事者の一方的な意思表示（単独行為）によって、契約がはじめから存在しなかったのと同様の状態に戻す効果を生じさせる制度である。契約の終了原因のひとつである。

　債務不履行（広い意味で債務が履行されていない状況を含む）に対して、同時履行の抗弁権が暫定的な救済手段とするならば、契約解除は契約の拘束力から離脱する救済手段と位置づけることができる。ただし、契約解除を債務者に対する対抗措置（サンクション）と捉えるか、契約からの離脱手段と捉えるかで要件、効果に差が出てくる（後述）。

　解除制度において、解除者は自己の債務から解放され、解除の際に生じた損害を相手方に賠償できるが、同時に既に履行された部分（例えば一部受け取った代金など）について原状回復義務が生じる。

　解除には、当事者における解除権の留保を内容とする予め結ばれた適法な契約による事由（約定解除の場合）と、債務不履行その他の法定事由（法定解除の場合）がある。両者は発生原因を異にするだけで、一方的な意思表示による解除権が行使されるという点では同じである。

第2節 解除と類似の制度

2-1 解約告知

　非遡及的な契約の失効である。賃貸借の解除はこれにあたる（620条）。例えば賃貸借のようにすでに貸してしまっているのだから、それまでのこ

とを遡及的に処理する必要はない。

2-2 解除契約（合意解除）

解除権の有無を問わず、契約当事者が今までの契約を解除して契約がなかったのと同一の状態をつくることを内容としてなす新たな契約（相互の合意）をいう。当事者の一方的な意思表示（単独行為）ではない点で解除と異なる。

2-3 取消

解除は相手方の債務不履行によって生じるので、詐欺、強迫、制限能力等から生じる取消権の行使と区別される。

2-4 失権約款

一定の事実が発生すれば直ちに契約が解除されたものとする契約条項のこと。一種の解除条件付契約である。催告や解除の意思表示も不要にする特約は有効であるが、信義則違反、権利濫用、公序良俗違反等にふれる可能性がある。失権約款については、期限の利益喪失約款の存在が債務者をして利息制限法の超過部分の支払いを事実上強制することになり、貸金規制法43条（現在は廃止）の「みなし弁済」規定（いわゆるグレーゾーン金利）の「任意性」を認めないとする判例がある（12章4節、巻末補助資料参照）[54]。

なお、簡易保険や生命保険契約等では、保険料を滞納すると保険が失効する旨の失権約款（失効約款）があるが、他方で保険会社の承諾を得ると元の契約が復活する条項も挿入されている。

---

[54] 平成18年1月13日民集60巻1号1頁。

第3節　契約解除の性格

　本節では契約総則の第3款の債務不履行契約解除を扱う。すなわち、履行遅滞による解除（541条）、定期行為の履行遅滞による解除（542条）、履行不能による解除（543条）の3つの法定解除である。前二者について特に定めはないが、543条については、実体法上履行不能が債務者の帰責事由に基づくことが要件（消極要件）となっている。
　しかし、解除権の行使の要件として、債務者の帰責性が必要なのかということについて争いがある。伝統的には、解除権の行使は相手方に不利益をもたらすので、損害賠償責任（415条）と同じく過失責任の原則に従い、履行不能の解除権行使に当たり債務者の帰責事由が要件となっていることも含めて、相手方に不利益を課すには、相手方に故意・過失が必要であると解してきた。
　しかしながら、最近は国際的な動向に配慮した新しい契約責任論の下で、解除を債務者にそのようなサンクションを与えるためのものではなく、当事者が契約を維持する利益を失った段階で、契約の拘束力から免れる手段を認めた制度であるとする考え方が有力に主張されている。そこでは、債務者の帰責事由を不要とし、契約の目的が達成されなくなるほどの「重大なる契約違反」（要素たる債務の不履行）があった場合に、催告をしたのにもかかわらず履行されないのなら、契約の目的は達成できないのだから、契約の拘束力から離脱してもよいだろうと考えられている。催告しても履行されないのは、重大なる契約違反に近似するという論者もいる。ここでは契約の合意の内容を要素とする契約の目的が重要視され、目的不能の場合に契約の拘束力を維持する利益が失われるのだから、解除を認め敢えて相手方の帰責事由を要求する必要はないのである。したがってまた、相手方の債務不履行の態様は問題ではなくなる。

ちなみに民法は契約の各則中、解除の規定を置いている。他人物売買（561-563条）、数量不足の売買等（565-568条）、売主の担保責任（570条）、消費貸借の借主の用法遵守義務違反（594条）、賃借人の意思に反した保存行為（607条）、土地賃借人の減収による解除等（610条-612条）、請負人の瑕疵担保責任（635条）、終身定期金の解除（691条）があり、無理由解除として、請負契約（641条）、委任契約（651条）がある。このうちで、570条は一般に無過失責任であることについて異論はない。つまり売主の帰責事由は要求されていない。また、566条、570条、607条、611条、635条は目的不達成を明文上要件として付加している。商法525条の定期売買の解除は542条の定期行為の解除の特則であるが、いずれも契約目的不達成を要件とし相手方の帰責事由を要件としていない。

なお、解除に帰責事由を不要とすれば、危険負担の原則（536条1項）と機能的には重なることになる。ただし、解除には意思表示が必要であるという違いはある（6章4節参照）。

いずれ本書では、債務不履行の伝統的な理解に立って解除の形態を考える。

第4節　履行遅滞による解除

4-1 履行遅滞のあること

履行遅滞による解除（541条）において、債務者が履行期に履行しないことが要件である。ただし、契約の些細な部分の履行遅滞で解除できないと解すべきであり、契約から生じるさまざま債務のうちで「要素たる債務」の不履行が解除権を発生させる。

もっとも、543条では一部不能の解除を認めているので、履行遅滞においても同様に縮小した解除権を認める余地は出てくるであろう。反

対に契約が複数の場合は「密接関連性」があると解除が認められる。例えば、マンションの売買契約とリゾートクラブの入会契約において、予定されていた屋内プール設置がなされずにいた場合、売買契約自体を解除しうる（巻末補助資料参照）[55]。別な見方をすれば、入会契約は付随的義務ともとれるし2つは一体不可分の契約とも解される。

判例理論を踏まえ、債権法改正の中間試案では、同一の当事者間で締結された複数の契約につき、それらの契約の内容が相互に密接に関連付けられている場合において、そのうち1つの契約に債務不履行による解除の原因があり、これによって複数の契約をした目的が全体として達成できないときは、相手方は、当該複数の契約の全てを解除することができるものとする規律が提案されている。

4-2 催告

相当の期間を定めて催告しなければならない。判例は期間の相当性について催告中に定められた期間の長短ではなく、解除までに実質的に与えられた期間の客観的長さを考慮している。しかも催告を受けてから、履行の準備に着手すると仮定すべきではなく、催告を受けた段階ですでに履行準備の大部分を済ませていると仮定し期間の長さを算定すべきである[56]。たとえ期間を定めないないで催告しても、催告の時と解除の時に相当な期間が経過していればよい[57]。ただし催告が意味のない契約もある。定期行為の履行遅滞について催告は不要である（542条）。実務では催告なしにすぐ解除できるという条項が置かれることが多い。

期間の定めのない債務（412条3項）は、催告によって債務者は履行

---

[55] 最判平成8年11月12日民集50巻10号2673頁。
[56] 大判大13年7月15日民集3巻362頁。
[57] 大判昭2年2月2日民集6巻133頁。

遅滞の状態になる。少しややこしい問題だが、相手方が履行遅滞にないと催告できない。そうなるとこの場合、履行遅滞に陥れるために一度催告をして、これとは別に解除権行使のための催告をしなければならないだろうか。直ちに相当期間を定めて催告してもよく、二度の催告は必要ないと解すべきである[58]。

4-3 催告期間内に履行されないこと

第5節　履行不能による解除

　履行期に履行が不能なこと（物理的な不能以外に法律的な不能も含まれる）。催告は不要である。一部不能の解除が可能である（543条）。そのときに、契約の内容が可分であればその部分のみの解除が許される。契約の内容が、不可分で残部だけで契約が達成できないときは全部解除になる。これ以外は解除が許されず損害賠償ができるのみである。例えば軽微な部分の不能で契約は解除できない。本条による解除は催告不要である。

第6節　不完全履行による解除

　追完可能な場合は、履行遅滞に準じる。追完不能な場合は履行不能に準じる。このようなことから、履行不能による解除とその他の解除という分け方もある。
　なお、付随義務の不履行と一部の履行遅滞を不完全履行に位置づけ

---

[58] 大判大6年6月27日民録23輯1153頁。

ることも可能である。

第7節　解除権の行使

　解除権の意思表示は形成権である。解除権の不可分性の規定がある（544条1項）。法律関係が複雑になることを回避するためのものである。複数当時者の1人が解除権を放棄すると、他の者は解除権を行使できない（同2項）

第8節　解除の効果

　解除の効果としては、未履行部分の債務を履行する必要がない。
　既履行部分については、返還義務が生じる（原状回復義務）。無形の給付すなわち、使用利益については客観的に金銭評価して返還する。原状回復でも償われない損害が残ると損害賠償請求ができる（545条3項）。契約解除による原状回復義務について保証人は責任を負う[59]。以上の効果により第三者を害することができない。

第9節　解除の効果の法的構成

9-1 直接効果説

　契約から生じた債務は、契約締結時に向かって遡及的に消滅するという考え方が通説・判例[60]であり、直接効果説と呼ばれている。
　〈未履行債務〉は消滅し（遡及効として当然）、〈既履行債務〉の本質は不当利得（又は物権的請求権が根拠）（703条）となる。ただし、返還義務が現存利益（703条）から、原状回復義務まで拡大されて

---

[59] 最判昭和43年11月15日民集19巻4号1143頁。
[60] 大判大7年12月23日民録24輯2396頁など。

いる（545条1項）。これは703条の特則として位置づけられる。

しかし、直接効果説では、545条3項の損害賠償の説明が難しくなる。判例は、債務者に対して履行利益（本章12節参照）の損害賠償を認めている[61]。これは遡及的に消滅する方向とは逆の考え方である。債務不履行による損害賠償も遡及的になくなるというのが筋であろう。直接効果説では、545条3項は政策的に認めたものであるという説明がなされている。

9-2 間接効果説

間接効果説では、解除によって従来の債権債務関係は存続する。契約自体は消滅しないので「間接的」であると説明される。

〈未履行部分〉は解除によって消滅せず契約の作用が阻止されるだけである。未履行債務は履行拒絶の抗弁権が発生する。〈既履行債務〉については、「新たな原状回復債権債務」が発生、双方の履行によって契約関係は消滅する。新しい精算関係に基づく返還請求権が生じるとも説明される。間接効果説において、545条3項の損害賠償の規定は当然の規定となる。

9-3 両者の対立点

原状回復義務が、直接効果説だとうまく説明できない。損害賠償の範囲は、直接効果説だと信頼利益にとどまり履行利益（契約が有効であるとして履行されたならば得られたであろう利益）に及ばないはずである。これに対して間接効果説だとすでに発生した「新たな原状回復債務」の債務不履行による損害賠償になる。

次に、545条1項但書の第三者保護の理解に差が出てくる。直接効果説だと解除の遡及効を制限したと説明、間接効果説だと第三者に影響することはなく逆方向に物権変動が始まると解するため、第三者の保

---

[61] 最判昭和28年10月15日民集7巻10号1093頁。

護はすべて対抗要件の問題になる（本章11節参照）。

9-4 折衷説

解除は一般的に将来にわたって効力が生じるという説。

〈未履行債務〉は、将来に向かって消滅する。但し遡及効はない。消滅をするという点で直接効果説に同じ。間接効果説のいう未履行債務について抗弁権が生じると説明するのは中途半端である。〈既履行債務〉は、消滅せず新たな返還債務が発生する。これについは間接効果説に同じ。折衷説はポリシーがないと批判されている[62]。

9-5 原契約変容説

解除により原契約は原状回復債権に変形・転換する。契約関係とは逆向きの精算関係に変更されて存続する。〈未履行債務〉は、逆向きの精算関係が開始するとただちに原状回復債権が履行されたことになり消滅する。巻き戻し的発想である。〈既履行債務〉は、原状回復債権が未履行債務に転化し履行義務が残る。目的物があれば買主から売主に復帰する、つまり巻き戻される状態になると説明される。保証人の債務も附従性によって消滅することなく存続する。直接効果説だとさらに遡及効に制限を加えたと説明するしかないであろう。後述の復帰的物権変動を説明するときにも、もっとも都合のよい説である。

---

[62] 加賀山2007・303頁。

9-6 解除の効果のまとめ[63]

学説	遡及効	解除の効果		545条1項但書	545条3項
		既履行部分	未履行部分		
直接効果説（通説・判例）	あり	不当利得返還請求（法律上の原因なし）	当然に消滅	遡及効を第三者保護のため制限	政策規定
間接効果説	なし	あらたな原状回復債権が発生（返還義務）	消滅せず。履行拒絶の抗弁権発生。	遡及効はないので、意味のない規定。対抗問題として処理する。	独自の存在意義がある。
折衷説	なし	あらたな原状回復債権が発生（返還義務）	将来に向かって消滅		
原契約変容説	なし	原状回復債権が未履行債務に転化	原状回復債権が履行されたことになり消滅		

第10節　原状回復義務の範囲

10-1 原物の返還

　双務契約の場合、原物の返還（545条1項）と反対給付は同時履行の関係に立つ（546条）。解除後に給付されたものが、滅失、毀損、返還不能になった場合はその価格を返還する義務を負う。

10-2 金銭・使用利益・果実の返還

　金銭を給付された当事者は受領の時から利息をつけて返還しなければならない（545条2項）。受領者の悪意・善意を問わない[64]。原状回復

---

[63] 加藤 2007・84 頁を借用（若干修正）。
[64] 契約関係にない所有者、占有者の間の果実の返還については、悪意の不当利得（704条）、悪意の占有者（190条）の規定と比較せよ。

義務から説明されよう。使用利益については同一の物を市場で賃貸した価格ということになるが、売主が代金を受領していた場合、売主が返還時につけるべき利息と対等額で相殺されてよい（575条）。

10-3 投下費用の回収

債務の履行と関係なく目的物に投下された費用（有益費、保存費用など）は、196条の費用償還請求の規定で処理される。

10-4 原物返還不能の問題点

解除権者が原因で、原物返還債務が不能に帰した場合は解除権が消滅する（548条1項）。解除権者に帰責事由なく目的物が滅失した場合解除権を失わないから（548条2項）、解除権者は原状回復請求権を行使できる。

例えば、A所有の中古車を買ったBがその欠陥を理由にBが売買を解除した後、仮に盗難にあって返還不能に帰したとすると、Aは代金を返還しなければならないか。Bは自己の原状回復義務は免れながら、Aに原状回復を求めることができるだろうか。548条2項をそのまま適用すれば、Aは代金を返還しなければならない。

この問題を処理するのに、原物返還義務と代金債務の返還義務はあたかも双務契約における牽連性があると見て、危険負担の条文を類推適用する考え方がある。

危険はBの支配領域にあったのだから、債務者主義（536条1項）の原則により、Bは反対給付の権利を失う、つまり原則としてAの代金返還債務は消滅する（Aは代金を返還しなくてよい）。もしも、不能の原因がAにあったとするとAの代金返還債務は存続する。536条2項を類推適用した処理である。

以上の考え方に対して、危険負担の類推を否定して給付が不能に帰しても価格相当額の返還は回復されるべきで、例外的に返還請求者側

Aに帰責事由があるときに548条1項を類推適用して[65]、Bは価格相当額の返還義務を免れるとする考え方もある[66]。なお、債権法改正の中間試案では、返還義務者の帰責の有無を問わず返還が不能に帰すとその価格を償還すべき規定を置く。

第11節　第三者の保護

11-1 第三者とは

　解除によって第三者の権利を害することはできない（545条但書）。ここでいう第三者とは、解除された契約から生じた権利を新たに取得した者をいう。したがって売買代金の債権の譲受人のように、解除によって消滅すべき債権の承継人は含まれない[67]。

　解除は債務不履行を基礎とした制度であるから、第三者がそれを知っていたとしても保護する必要がある。例えば、BのAに対する代金が未払いでもAは解除しない方法もあるからである。ゆえに第三者の善意・悪意を問わない。これに対して、瑕疵ある意思表示をした者を保護する趣旨の取消制度では、それを知って取引関係に入る第三者は保護に値しないとされる[68]。

11-2 解除前の第三者

　A（売主）B（買主）間の不動産の売買で、解除「前」に第三者Cに不動産が売却された場合、545条1項但書の規定によって第三者Cは保護される。

　直接効果説では、そもそも遡及的に既履行債務は消滅しているから、

---

[65] 548条1項が、解除権の発生前後を問わず消滅すると解釈するのと親和的である（潮見2009・43頁）。
[66] 潮見2009・46頁以下。
[67] 大判明治42年5月14日民録15輯490頁。
[68] 内田2007・99頁。

所有権の移転は最初から生じていない。ゆえに、間接効果説のように、B→Cの物権変動とB→Aの復帰権的物権変動が二重譲渡関係に立つようなことはない。但し、直接効果説では、第三者は「権利資格保護要件」（対抗要件ではなない）として登記が必要とされる（判例[69]・直接効果説）。この部分については、結果として解除の非遡及に立つ他の説と変わらない。Bに登記が残っていたとすると、ACいずれか登記を備えた方が確定的に権利を主張する。

間接効果説、折衷説、原契約変動説では、B→Cの物権変動とB→Aの復帰権的物権変動の二重譲渡関係に立ち、対抗問題として処理する（解除の前後に関係ない）。

11-3 解除後の第三者

解除後の第三者については、545条1項の文言には定められていない。177条による対抗問題または94条2項の類推で処理する。

BからAに物権は復帰的に変動するが、Bに登記が残っていたとすると復帰的物権変動が不完全と見て、BからCにも物権の変動があったと見る。そこで二重譲渡の問題として処理する。結局解除後の第三者については、直接効果説、間接効果説の両説とも対抗関係の問題として処理していることになる。

第12節　損害賠償請求権

直接効果説では矛盾があるものの（契約が初めからなかったことになるのでそもそも損害賠償が生じることに説明がつかない）、判例・通説は、545条3項の規定は、債権者（解除権者）を保護するために法律

---

[69] 大判大10年5月17日民録27輯929頁。

が特に遡及効に制限を加えたものであると解している。直接効果説の論法を矛盾なく突き詰めると、債務不履行の事実も発生しなくなるから、信頼利益の損害賠償にとどまると考えられなくもないが、直接効果説・判例は、履行利益[70]の損害賠償を認めている[71]。

履行利益の損害賠償は、解除自体の損害賠償ではなく債務不履行による損害賠償（415条、416条）になる（帰責事由が必要となる）。

間接効果説、折衷説、原契約変動説では、解除によって既履行債務は消滅しないから、履行利益の損害賠償が可能であり、その性質も債務不履行による損害賠償である。

第13節　解除権の消滅

13-1 相手方の催告による消滅

解除権の行使について期間の定めがないときは、相手方は解除権を有する者に対して相当の期間を定め、その期間内に解除するか否かを確答すべき旨を催告することができ、その期間内に解除の通知がないときは、解除権は消滅する（547条）。

13-2 解除権者の行為による消滅

解除権を有する者が、自己の行為若しくは過失によって、契約の目的物を著しく損傷し、若しくは返還することができなくなったとき、又は加工や改造によって目的物を他の物に変えてしまったときは、解除権は消滅する（548条）。本条は、約定解除において適用するのに問

---

[70] 履行利益の反対の概念は、信頼利益である。信頼利益は有効でない契約を有効と信じた者の利益である。したがって、直接効果説の理論を貫徹しようとすれば、信頼利益の損害賠償に限られることになる。
[71] 最判昭28年10月15日民集7巻10号193頁。

題はないが、目的物に瑕疵のあることを知らずに加工したりした場合に、瑕疵担保による解除が消滅すると解すべきか疑問の残るところである。

13-3 相手方の債務の本旨に従った履行
債務者は催告に与えられた相当期間内に本来の履行をすれば解除権は消滅する。

13-4 権利失効の原則
信義則上解除権が消滅するときがある。

13-5 消滅時効
解除権は形成権であるが、判例は債権に準じて、解除権発生時から10年(商事の場合は5年)の時効にかかるとする。原状回復義務は解除の時点から進行する。

第9章　贈与

第1節　贈与の性質

　贈与は、当事者の一方（贈与者）が自己の財産を無償で相手方（受贈者）に与える意思を表示し、相手方が受諾することによって効力を生じる（549条）。無償・片務・諾成契約である。贈与はそもそも契約かという問題がある。民法は契約として保護している[72]。

　民法において贈与は無償性から出発している。ただ、贈与契約には有償性も見え隠れしている。贈与は何かのお返し、または頼みごとの先履行であると解釈することはできないか。日常的にも頂いてばかりでお返しをしないのは社会的に信用をなくすこともあるであろう。贈与の背後には、「互酬」や行為の関係があり[73]。負担付贈与は一種の無償性の回避と考えることできる。

　贈与は相続と密接な関係がある。農家に嫁いだ嫁が、義父名義の土地で農家を営んでいたところ、先に夫が亡くなりそのままで農業を引き継いだとしても、相続関係にないから土地自体を相続することはできない。こうしたとき、相続人に土地が相続されることを回避し嫁に土地を引き継がせるために、生前贈与、死因贈与、遺贈などを行ったりする。法定相続を回避する手段として用いられる。

第2節　贈与契約の性質

　贈与とは、無償で相手方に財産を移転することを約することで成立する。無償・片務・諾成契約である。

　贈与契約は、当事者に対価関係にある経済的損失がなく（受贈者に

---

[72] 近江2006・111頁。いわゆる分家料として土地を贈与されるのも、本家への忠誠心や労働の供給が対価となる場合もあるであろう。
[73] 大村2005a・166頁。

反対給付が存在しない)、贈与者一方にのみ贈与の義務があり(反対の給付義務はない)、当事者の合意で契約が成立する。

書面によらない契約は撤回することができる。これは、贈与契約の要式・要物化と解することができる。つまり贈与契約は諾成契約であるが、強行するときは書面を要求しているということである。

贈与は、使用貸借(親の土地に子が家を建てる)や無償委任(近所の子を預かる)と並んで好意型契約(これと反対概念は権利移転型契約である)に分類される[74]。

負担付贈与契約は、有償・双務契約の規定が準用される(551条2項、553条)。負担の限度で同時履行の抗弁権、危険負担、解除の適用がある。養親が養子に対し養親を扶養すること等を条件としてした負担付贈与が養子の負担たる義務の不履行により解除されたものと認められた事例がある[75]。忘恩行為による撤回権とも近接する。

死因贈与は、例えば死んだら自己所有の建物を贈与するという合意のように、贈与者の死亡によって効力を生ずる契約である。遺贈に関する規定が準用される(554条)。ただし、遺言の能力(961条)、方式(967条)は、遺贈が単独行為であることから、死因贈与に適用がないとされる。遺言がいつでも全部または一部撤回できるとする1022条の準用があるかどうかは議論がある。判例は、贈与者の最終意思を尊重すべきとして準用を肯定する。

定期贈与は、例えば「法科大学院在学中は毎月5万円贈与する」というように、定期の給付を目的とする贈与である。

第3節 贈与契約の撤回

贈与は当事者がいつでも撤回できる(550条本文)。ただし、「書面による贈与」と、書面によらない贈与であっても「履行の終わった部分」

---

[74] 同上。
[75] 最判昭和53年2月17日判タ360号143頁。

を撤回できない（550条）。履行の終わっていない部分は撤回できる。

「履行の終わった」という意味について、不動産では登記や引渡しがあればよい。実質的に物権的支配が移転した時点が履行の終了と解せよう[76]。

書面は贈与契約成立後の作成でもよい。書面に贈与の意思表示が表われていればよい。「履行の終わった」贈与であっても、忘恩行為による撤回ができることがある。

大学在学中6年間にわたり、Xから贈与を受けていたXの娘婿のYは、歯科医師国家試験に合格しXの経済的援助が不要になるや否や、不貞の事実を明らかにし娘との夫婦関係が破綻した事例で、贈与が親族間の情誼関係に基づきなされたにもかかわらず、情誼関係が贈与者の責に帰すべき事由によらずして破綻消滅し、贈与の効果をそのまま維持存続させることが諸般の事情からみて信義則上不当と認められる場合には、贈与の撤回ができるとした判決がある[77]。

この理は、書面による契約であっても当てはめることができる。ちなみに書面による贈与であっても、履行段階で贈与者の財産状態が悪化したような場合は履行前であれば撤回を認めてよいだろう[78]。

第4節　贈与契約の効力

贈与契約によって、財産移転義務が生じる（549条）。贈与の目的物が特定物であれば、善管注意義務（400条）が生じる。この義務を欠けば債務不履行となる。

贈与者は、担保責任を原則として負わないが（551条1項）、目的物の瑕疵を知りながら受贈者に告げなかった場合は責任を負う（551条1

---

[76] 近江2006・114頁。
[77] 大阪地裁平成元年4月20日判時1326号139頁。
[78] 内田2007・160頁。

項但書）。

　「自己の財産」ではなく他人物の贈与は可能であるか。契約として有効であると解される。ただ、担保責任は軽減されているから560条の担保責任はない。

第10章　売買

第1節　売買の性質

　売買とは当事者の一方が財産権を相手方に移転することを約し、相手方がこれに対して代金を支払うことを約することによって成立する（555条）。売買は、有償・双務・諾成・不要式契約である。売買は交換の発展的形態とも言える。交換は金銭以外の所有権を移転することを約することによって効力を生ずる。

　売買の対象は条文上「財産権」となっており、動産・不動産だけに限らない。知的財産権も売買の対象となりうる。売買は譲渡と同義に用いられることがある。

　商事売買は商法の適用がある。日常生活の売買では、消費者保護の観点から、消費者契約法や特定商取引法の適用を受けることがある。

　不動産の売買では、宅地建物取引業法や農地法などの適用を受ける場合があることも注意しなければならない。

第2節　売買の成立

　売買の成立には特別の要式を必要としない。不動産の売買であっても、基本は諾成契約であるが、実際には契約書の作成や内金の授受をもって成立と見る慣行がある。

　コンビニ等の店舗で商品を購入するときは代金の支払いと商品の移転が直ちに行われ、一方の債務が残らない。このような契約を現実売買という。担保責任の適用がある。

　将来本契約を締結する債務を生じさせる契約を、売買の予約という。将来申込があれば承諾してもよいという合意である。理論的にはこの

ような契約も可能であるが、もしも相手が承諾しなければ、承諾のための訴訟を提起しなければならず面倒である（414条2項但書）。

そこで、一方の意思表示（予約完結の意思表示）によってただちに本契約が成立するようした予約が便利である。売買の一方の予約（556条1項）という。予約完結権の行使期間が定められていない場合、予約完結権を行使される当事者（予約者または予約義務者という）は相手方に相当の期間定めて催告し、期間内に確答がないと予約はその効力を失う（556条2項）。

ちなみに貸金債権の担保のために、貸金を代金として不動産の売買を本契約として貸金債権者に予約完結権を与える合意は、担保的機能を有する売買の一方の予約である。債権者に売って、再度売買する予約する形式をとることもある。

第3節　手付

3-1 手付の意義

手付とは売買の際に、一方の当事者から、相手方に支払われる金銭その他の有償物である。わが国は古来より手付の慣行があった。しかもわが国では、一般的な売買について、解約手付を原則としている。これは諾成契約としての売買の拘束力を弱め、本来諾成契約としての本体たる当事者の「売る」、「買う」という合意を、予約の段階まで引き戻し、手付の限度で拘束力を与えるだけで、売買の成立が目的物の引渡しまたは代金の支払いまで先延ばしをして、いわば要物契約へ押し戻しているという指摘がある（村上淳一 1997『〈法〉の歴史』東京大学出版会、54頁）。

3-2 手付けの種類

成約（証約）手付

売買の証拠としての性質。すべての手付はこの性質をもっている。

違約手付

損害賠償の予定としての機能をもつ（420条3項）。違約手付はさらに、損害賠償とは別に違約罰がとれるという趣旨のものもある。違約手付として手付が交付された場合も、解約手付の性質をかねることができきるか。判例は、解約手付の趣旨を排除するものではないとしている。

解約手付

民法はこれを原則とした（557条1項）。宅地建物取引業法39条は、宅建業者は代金額の2割を超える手付を受領できないとし、かつ手付はすべて解約手付としている。解約手付けは無理由解除権を取得していると考えることもできる。

内金

明白に代金の一部として交付されるもの。料金の一部前払い。手付と区別されるが判別が難しいときがある。例えば代金の半額を支払っても手付とされないのが通常の当事者の意思であろう。

申込金

売買の成立段階において予約の成立を証するもの。契約に至らないと返還されるのが通常。マンション購入時の申込証拠金は、契約が不成立となれば、返還されるべきである[79]。申込金は成立したら代金に含まれる。

---

[79] 内田2007・117頁。

第4節　解約手付の効果

4-1 契約の解除（解約）

　手付契約と売買契約は別個のものである。手付を売買代金に含むかどうかは別である。しかし、普通は内金の性質をもっているから解除されなかったら代金と相殺される。

　買主は手付金を放棄して解除できる。売主は手付金の倍返しで解除することができる。

　解除は遡及効をもつが、債務不履行による解除ではないので損害賠償を請求することはできない（557条2項）。

4-2「履行の着手」による解除制限

　557条は、解約手付を交付したときは、当事者の一方が履行に着手するまで解除することができると規定するので、「履行の着手」があると解除権を行使できなくなる。解釈によって履行の着手の範囲を広く認めるほど、解除の制限の範囲も広がりそれだけ契約の拘束力は強まることになる。

　例えば所有権移転登記を完了していなくても、売主から不動産の引渡しや、登記移転の申請があれば、売主には「履行の着手」があるされるから、買主は手付け放棄による解除をすることはできない。売主としては不動産の引渡しをしたのに、解除をされては不測の損害を被ることなる。それゆえ、買主の解除の主張に対して、売主は「売主側に履行の着手」があったと主張し買主の解除権行使を阻止することができる。実際には、売主の解除に対して買主が履行の着手を主張することが多いという[80]。

---

[80] 内田 2007・118頁。

判例は、「履行の着手」を「客観的に外部に認識できるような形で履行行為の一部をなし、または履行の提供のため欠くことのできない前提行為をした」こととしている[81]。

　履行期を過ぎて、買主が、売主に対して履行の催告をし、いつでも代金を提供できる状態は、買主の履行の着手にあたる。他方、履行前に、他に特段の事情がないにもかかわらず、単に支払いの用意ありとして口頭の提供をして相手方の反対債務の履行の催告をするのみでは、金銭支払債務の「履行の着手」ありとするのは履行行為としての客観性に欠ける。この意味で、履行の着手は、単なる履行の準備と履行の着手は区別されよう。

　では履行期前の行為は履行の着手はすべて生じないであろうか。判例は、当事者が債務の履行期前には履行に着手しない旨合意している等格別の事情のないかぎり、右履行期前に民法557条1項にいう履行に着手することができないものではないとしている[82]。

　履行期は履行着手の決定的判断基準とはならないが、履行期が1年9か月先で、買主の土地の測量や代金の提供と履行の催告があっても、買主の履行の着手があったとは言えないとされた事例がある[83]。事案は、地価が上昇し売買代金では売主の転居先が見つからず手付け倍返しで解除しようとしたものである。判決は、「当該行為の態様、債務の内容履行期が定められた趣旨・目的及びこれとの関連で債務者が履行期前に行った時期等」も履行着手の重要な要素としつつ、事案に対して妥当な判断をしようとしたものと思われる。

　ところで、だれの「履行の着手」なのかという問題がある。

　最初に示した不動産売買の例は、売主に履行の着手があって買主が

---

[81] 最判昭和40年11月24日民集19巻8号2019頁。
[82] 最判昭和41年1月21日民集20巻1号65頁。
[83] 最判平成5年3月16日民集47巻4号3005頁。

解除できないというものであった。では、売主に履行の着手がありながら買主に対して解除権を行使できるだろうか。判例は、557条1項の趣旨は履行に着手した当事者に不測の損害を被らせないようにするためであるから、未だ履行に着手していない当事者に対しては自由に解除権を行使しうるとする[84]。事案は売主が仮登記処分をした段階で解除権を行使したものであるが、解除権を行使する当事者は、たとえ履行に着手していても、自らその着手に要した出費を犠牲にし、更に手付を放棄し又はその倍額の償還をしてもあえて契約を解除したいというのであれば、相手方に不測の損害を与えない限り解除権の行使を認めてよいだろう。そうなると、売主の解除を主張に対し、買主が「売主側の履行の着手」があったと抗弁することにより解除を阻止することはできないということになる[85]。

第5節　売買におけるその他の効力

　売買に関する費用は、当事者で平分して負担する（558条）。債務者の負担とする弁済の費用（送料など）とは区別される（485条）。

　不動産売買では、契約書作成費用、契約書に貼る収入印紙代、登記費用等が売買の費用として考えられる。不動産の登記移転費用は485条により売主であるとする（つまり弁済の費用とする）のが通説であるが、買主負担とする特約は妨げない。

　売買契約の規定（555条～585条）は有償契約へ準用（559条）する。

　代金の支払時期は特約がない限り引渡しの時期と同一と推定される（573条）。

　目的物の引渡し場所は特約がなければ、債権一般の原則に従い、特

---

[84] 最判昭和40年11月24日民集19巻8号2019頁。
[85] 内田2007・119頁のモデルではYの解除は認められることになる。

定物であれば、債権発生時にその物が存在していた場所（484条）、それ以外は債権者（買主）の現在の住所である（同条）。代金の支払場所は、引渡しと同時で支払うべきときはその引渡しの場所で支払う（574条）

果実の帰属については、引渡し前は売主に帰属する（575条1項）。その一方で買主は代金の利息を払う義務はない。精算関係を錯綜しないようにさせるためである。本条は果実の収取権が、所有権者（買主）に帰属するところ（89条）、買主の果実収取権を認めたものである。

代金の支払いがあったときは、引渡し前でも果実は買主に帰属する。また、売主が引渡しを遅滞しているときでも、果実は売主に帰属し、買主も遅滞に応じた期間の利息を支払う必要はない[86]。

担保責任については次節に譲る。

第6節　担保責任序説

売買の目的物に瑕疵がある場合に売主は一定の責任を負わなければならない、これを担保責任という。担保責任は売主が契約の内容について一定の保証をしているということに基づいている。

担保責任は、

①財産権の移転が完全ではない場合の売主の債務不履行＝権利の瑕疵（追奪担保責任）と、

②形式的に財産権に移転が行われているが、内容をよく見ると売主に債務不履行がある類型＝物の瑕疵（瑕疵担保責任）

の2つに分類される。

担保責任はすべて無過失責任であると解されている。担保責任に共

---

[86] 大連判大13年9月24日民集3巻440頁。

通する効果として、解除と損害賠償がある。この場合の解除は催告不要であり、損害賠償の範囲は信頼利益である。権利行使期間も場合により1年の制限期間が設けられている。同時履行の抗弁の準用がある（533条によって、563〜566条、570条の担保責任に関して適用）。

担保責任の効果としては、<u>解除、代金減額請求、損害賠償請求</u>があるが、条文上すべての類型で認められるわけではないので注意すること。

担保責任の規定は任意規定であるから、特約によって排除することができる（572条）。売主発行の保証書はこの例であろう。なお、家電製品などのメーカー保証は、メーカーは売主ではないからこれとは別である。

第7節　権利の瑕疵（追奪担保責任または権利担保責任）

権利担保責任には5つ類型がある。

買主の主観的態様（善意・悪意）で保護の内容が変わる。例えば、買主悪意の場合損害賠償請求ができない（561、563、565、566条）。ただし債務不履行でいく場合は可能である。債務不履行の規定は、買主悪意の場合を排除しないからである[87]。

数量不足の場合には代金減額請求が問題となるが、「数量を表示しかつその数量を基礎として代金が定められた売買」に限る。例えば土地の売買において、坪数は必ずしも実測と一致するものではないから、売買契約において登記簿記載の坪数をもって表示したとしても、ただちに売主がこの坪数であることを表示したものではない[88]。一見これは納得いかないかもしれないが、契約内容について特殊な保証がなされ

---

[87] 近江2003・131頁。
[88] 最判昭和43年8月20日民集22巻8号1692頁。

たと解すれば説明がつくであろう。

用益的権利による制限が権利についている場合（566条）の効果は、次節で説明する瑕疵担保責任の規定（570条）が準用するので特に注意が必要である。

以下に条文に規定された担保責任の効果の一覧を示す。

類型	買主の善意・悪意	解除	損害賠償請求	代金減額請求	権利行使期間
権利の全部が他人に属する場合（561条）	善意	○（なお、善意売主の解除権の規定あり：562条）	○	－	制限なし（一般の消滅時効）
	悪意	○	×	－	
権利の一部が他人に属する場合（563条）	善意	○	○	○	事実を知ったときから1年
	悪意	×	×	○	契約のときから1年
数量不足・物の一部が滅失（565条）	善意	○	○	○	事実を知ったときから1年
	悪意	×	×	×	－
用益権による制限がある場合（566条）	善意	○	○（解除にまでいたらなかったときのみ可能：566条但書）	－	事実を知ったときから1年
抵当権等による制限がある場合（567条）	善意	○	○	－	制限なし（一般の消滅時効）
	悪意	○	○	－	
売主の担保責任（570条）	善意	○	○	－	事実を知ったときから1年

［可能なものは○　できないは×、規定がない場合は－と表記］

第 8 節　瑕疵担保責任（570 条）

　瑕疵担保責任は民法中の難問のひとつであり、法的性質については議論が錯綜している。
　具体的には、瑕疵担保責任の適用範囲（特定物・不特定物で区別されるのか）、損害賠償の範囲（信頼利益か履行利益か）、代物請求、瑕疵修補請求権があるのかといった諸点について議論が分かれている。

8-1 隠れたる瑕疵の意味

　物質的欠陥のみならず、売主の保証した性能・品質を欠く場合も含む。判例は法律的な権利の瑕疵も含めている[89]。契約の目的物の性能・品質については売買契約締結当時の取引観念を斟酌して判断される。
「隠れたる」の意味は取引上一般的に要求されている程度の注意をもってしても発見できなかったものをいう[90]。

8-2 法定責任説

　この説では、契約を厳格に解すれば、特定物売買における売主の責任は目的物の所有権移転義務につきる。ゆえに、たとえ瑕疵があっても新たに瑕疵のない物を給付すべき義務はない。そこで、法が特に瑕疵担保責任を定めたという意味において法定責任と呼ばれる。損害賠償については信頼利益に限られる。ただし、売主に帰責事由のある場合は履行利益を認めてもよいとする柔軟な立場もある。
　種類物売買であれば、本来の履行請求（代物請求）が可能である。

---

[89] 最判昭 41 年 4 月 14 日民集 20 巻 4 号 649 頁。
[90] 最判平 22 年 6 月 1 日民集 644 巻 4 号 953 頁。

これは債務不履行における不完全履行の問題である。判例は、法定責任説に立ちつつも（あいまいとの声も）、不特定物であっても「瑕疵の存在を認識した上で履行として容認」したのでない限り、債務不履行責任も追及しうるとしている。

8-4 契約責任説

契約上の義務は、契約に明示された義務だけにつきない。信義則上の義務も含まれる。瑕疵担保責任は債務不履行責任の特則（不完全履行の特別法：無催告解除が認められる）である。瑕疵担保責任は、特定物・種類物を問わず適用のある無過失責任である。特定物の引渡しについて履行期まで善管注意義務が発生しているということは、修理することも含まれる。となれば瑕疵のあるまま引渡せばよいというのは矛盾している。担保責任に規定のない、瑕疵修補請求、代物請求（追完請求）は債務不履行責任一般の効果として認められる[91]*。

* 債権法改正の中間試案では、売主が買主に引き渡すべき目的物の、種類、品質及び数量に関して、売買契約の趣旨に適合するものでなければならないと規定し、これに違反した場合、買主は契約内容に応じて売主に対し目的物の修補、不足分の引渡し、代替物の引渡しによる履行の追完、代金減額、債務不履行による損害賠償の請求、又は契約の解除をすることができるという規定を提案している。

---

[91] 内田 2007・126 頁以下。

法定責任説 VS 契約責任説（かつての対立であるが参考のために表にする）

	法定責任説	契約責任説
性質	特定物売買においては、売主は瑕疵ある物を給付すれば、それで給付義務は尽くされたから、債務不履行責任を追求することはできない（特定物ドグマ）、そこで公平の見地から買主保護のため特に定めた無過失責任である。	瑕疵担保責任を債務不履行責任（過失責任）の特則であると説く。両者が抵触する場合は後者が適用される。
適用範囲	特定物のみ	特定物・不特定物の双方
瑕疵修補・代物請求	不可能（条文通り）	可能
損害賠償の範囲	買主が瑕疵を知ったならば被らなかった損害（信頼利益）に限られる。	瑕疵ある目的物を給付したために買主が被った損害（履行利益）にまで及ぶ。

8-5 最近の動向

両説の対立構造から離れて、瑕疵担保責任を特殊な契約責任（法定責任）とする説が有力である[92]。

8-6 適用範囲

不特定物についても瑕疵担保責任の規定を認めるべきとする見解もあり、しかも「特定」に執着しない。「隠れたる瑕疵」とは広く、契約適合性に欠けた瑕疵とされる。不特定物であっても「瑕疵の存在を認識した上で履行として容認」したのでない限り、債務不履行責任も追

---

[92] 大村 2005a・47 頁。

及しうる[93]。これは判例の立場であるが、判例がどちらの説に立っているかどうかははっきりしない。損害賠償の範囲について、数量指示売買においてであるが、履行利益の賠償を否定しない判例が出ている[94]

---

[93] 最判昭36年12月15日民集15巻11号2852頁。
[94] 最判昭57年1月21日民集36巻1号71頁。

第11章　交換

　広い意味で、交換は売買も含むが、民法上の規定では、交換は金銭ではない財産権を移転する契約である（586条）。諾成・不要式・双務・有償契約である。対価として金銭が渡されれば売買となり財産権が渡されれば交換となる。交換は契約の原始的形態である。貨幣経済の発達によりすべての物が価格化されうるので、売買は交換の純化したものと見ることができる。

　農用地の収益を上げるため、土地改良法などに基づき、分散していた農地を、新しい農地としてまとめる「換地」の制度、また、区画、形状、地番を変えずにまとめる「交換分合」の制度は交換の特殊な形態である。

　両替は金銭の交換ではあるが、売買でも交換でもなく無名契約と解されている。

　不動産会社が土地所有者の土地にマンション等を建設して、その建物の区分所有権と土地の共有持分を等価で交換するという等価交換方式は、少ない資本で土地を活用できる方式として編み出されたものである。

第12章 消費貸借

第1節 消費貸借の性質

　消費貸借は、金銭その他の代替物（消費物）を借りて消費し、同種・同品・同等の物を返還する契約である（587条）。

　消費貸借の目的物は、金銭その他の代替物であるが、現代ではほとんどが金銭である。

　消費貸借は元来人的信頼関係（友誼とか義理人情）に基礎を置いた無償性が原則であった。したがって利息をつけた金銭の貸し付けは有償契約となる（金銭消費貸借契約という）。

　消費貸借は、要物、片務、不要式契約である。売買の規定と比較してみよう。売買の場合は、目的物の引渡しと代金の支払いの約束で成立するが、消費貸借の場合は借主が目的物を返還することを約束して、貸主からその目的物を「受け取る」ことによって成立するから要物契約であるとされる。したがって、契約の成立自体に目的物の引渡しがあるから、貸主の「目的物の引渡し」と「借主の返還義務」とは対価関係に立たないので片務契約になる。

　消費貸借契約は要物契約であるから、「貸そう」「借りよう」という合意だけで契約は成立しない。「金銭その他の物を受け取ることによって」契約は成立する。諾成的消費貸借契約を認めてしまうと、無利息の消費貸借では契約の成立を前提として「タダ（利息なしで）で貸せ」という請求を認めてしまう事態が生じるのはどうか、というのが要物性とした理由である。それゆえ、無利息の消費貸借だけ民法の規定（要物性）が妥当し、諾成的消費貸借契約を認める見解がある。なお、利息付消費貸借契約の場合は、貸主に瑕疵担保責任がある（590条1項）。

　実際の利息付金銭消費貸借では、公正証書や抵当権の設定があって

金銭の授受がなされることがある。判例は、要物性を緩やかに解し、そのような契約も有効としている。

「消費貸借の予約」については、若干注意が必要である。借主は将来本契約を締結する権利を取得し、貸主はこれに対して目的物を交付することによって本契約が成立する。当初から合意のみで本契約が成立している諾成的消費貸借契約と異なる。消費貸借の予約は、本契約前に、借主が破産手続の開始を受けたときは、その効力を失う（589条）。

第2節　消費貸借の終了

消費貸借は、目的物の返還時期があるときはその期限の到来までに返還すると終了する。遅滞した場合は債務不履行の一般の規定により、履行遅滞になる（412条1項）。不確定期限のあるときは、債務者が期限の到来を知ったときから遅滞の責任が生じる（412条2項）。

返還時期に定めがない場合では、412条3項が適用されず、貸主は相当の期間を定めて催告をし、その期間経過後に遅滞に陥る（591条1項）。判例は相当な期間を定めていなくても客観的に期間が過ぎれば、遅滞になるとしている。借主は、いつでも返還することができる（591条2項）。

第3節　準消費貸借

準消費貸借は、消費貸借によらないで金銭その他の者を給付する義務のある者が、その物を消費貸借の目的とすることを約束したときに成立する。要物性を必要としない（588条）。

準消費貸借については、その機能についてふれておく。弁済期にあ

る旧債務（例えば売掛金など）を弁済期の遅い新債務に切り替え新たに信用を供与することである。

　新債務と旧債務は原則的に同一であると解してよい。ただ、旧債務が売掛代金債権で短期消滅時効にかかるとしても（173条1項）、準消費貸借契約によって生じた新債務は、旧債務と関係なく商行為による消滅時効（522条）にかかるとする判例がある[95]。このような問題は契約当時の事情や趣旨に照らして判断されるべきであろう。

第4節　営業的利息付消費貸借に対する特別法の規制

　キリスト教では利息が禁止されており、利子をとることは神の教えに背くこととされていた。ヴェニスの商人のシャイロックはユダヤ教徒であったから利息をとることができた。しかし、経済社会の発展にともない利息をとることが行われるようになってきた。

　民法では、利息をつけるのは原則ではない。特約によるが、実際は利息を付けるのが大半である。利息付の特約があっても、利息利率に関する合意がないと民法404条が適用される。

　利息に関する規制は民法上存在しないが、利息制限法などの特別法がある。また、営業的利息付消費貸借契約は、サラ金とか消費者金融といわれているが、出資法や貸金業法の規制を受ける。利息制限法の上限利息を支払った場合、2006年の改正前は任意の支払いを有効とした規定（みなし弁済規定）があり、しかも出資法の上限金利との差があったため、グレーゾーン金利といわれるものが存在していた（巻末補助資料参照）。

　判例は、元本充当により完済となった後に支払った金額は、不当利

---

[95] 大判大10年9月29日民録27輯1707頁。

得として返還しなければならないとしており、利息制限法の1条2項（制限利率の超過部分の任意の支払を有効としていた。現在は廃止）を空文化させていたが[96]、サラ金三悪（高金利、過剰融資、過酷な取り立て）にといわれたように多重債務の問題が社会で深刻化するにつれ（2006年で230万人）、法的規制が強化されるようになった（巻末補助資料参照）。

---

[96] 最判昭44年11月25日民集23巻11号2137頁。

第13章　使用貸借

第1節　使用貸借の性質

　使用貸借は、物を無償で借りて使用収益をする契約である。無償・片務・要物契約である（593条）。無償性ゆえに、親戚や友人関係のように、親密な人間関係（貸主の好意）が基礎となっている法律関係である。

　使用貸借は、「貸主の使用させる義務」と「借主の目的物返還義務」とは対価関係に立たない（当事者双方が、対価的意義を有する債務を負担していない）から片務契約である。また貸主のみが経済的支出をしているので、無償契約である。

　無償性については、あまり厳格に解さないことになっている。賃料と称しても極端に低額である場合や、不動産の使用貸借で固定資産税を支払っている場合等は特段の事情がなければ使用貸借であると見られる。しかし、実際には有償契約である後述の賃貸借との区別は困難である場合がある。むしろ同一の貸借関係が無償から有償へと段階的に変化する連続的な形態も想定される場合もある。

　使用貸借は、他人の物を無償で使用しているわけであるから、賃貸借のような対抗力を備える規定（605条）がない。不動産賃借権のような物権化的傾向を認める余地はないと解されている。したがって使用貸借権に基づいて妨害排除を請求することはできない。

第2節　使用貸借の権利義務関係

　貸主には、借主が使用収益する消極的な受忍義務と担保責任（596条、551条）がある。

借主には、用法遵守義務（594条1項）、目的物返還義務（597条）、目的物の原状回復義務（598条）、損害賠償義務（600条）がある。用法遵守義務には、善管注意義務によって目的物の保管する義務（400条）が含まれている――借用物は特定物である――。借主は貸主の承諾なしに第三者に借用物を使用または収益させてはならない（594条2項）。用法遵守義務違反と無断転貸があると、貸主は契約を解除（解約告知）することができる（594条3項）。用法遵守義務違反による損害賠償請求権は目的物が返還されてから1年の間である（600条）。

　借主は通常の必要費を負担する（595条1項）。それ以外の必要費（通常ではない必要費と有益費）は196条に従い、貸主に請求できる（595条2項、583条2項）。有益費については、借主の選択により、価格の現存する限りその支出額か増加額を請求できる。また有益費について、裁判所は、貸主の請求により、相当の期限を与えることができる（595条2項、583条2項但書、196条2項但書）。これらの費用も、目的物が返還されてから1年以内に請求しなければならない（600条）。

第3節　使用貸借の終了

　使用貸借の返還時期については、やや錯綜した問題がある。「使用収益の終了」の判断では、契約締結の諸事情、目的物の種類と性質、契約後の経過期間、契約後の貸主・借主の事情を総合的に判断する（判例）。「使用収益の終了」と「使用収益をなすに足る期間」は近接性・連続性がある。「使用収益をなすに足る期間」が経過するということは、使用収益の終了と解することも可能である[97]。

---

[97] 近江2003・180頁以下。

期間の定めあり↓	期間の定めなし↓				借主の死亡
期間満了時 (597条1項)	目的の定めあり↓			目的の定めなし	死亡によって契約終了 (599条)
	目的に従った使用収益の終了あり	目的に従った使用収益の終了なし		貸主はいつでも返還請求可 (597条3項)	但し、ABとの関係で考慮が必要か？↓ 黙示の特約による使用貸借の継続か、有償契約への転化の余地あり
	(A) 使用収益の終了時に返還 (597条2項本文)	(B) 使用収益をなすに足る期間 (相当期間) 経過後に直ちに返還請求可能 (597条2項但書) 本条を類推適用して信頼関係の破壊による解約を認める（判例）			

第14章　賃貸借

第1節　賃貸借の性質

　賃貸借契約は賃貸人が賃借人に対し、ある物を使用収益させ、賃借人が対価（賃料）を支払うものである（601条）。貸主の使用収益させる義務と借主の賃料の支払いが対価関係に立つ、諾成、不要式、有償、双務契約である。要物契約たる消費貸借、使用貸借との差異を考えてみよ。

　賃貸借契約の目的物は様々である（貸衣装、レンタルＤＶＤ、キャンプ用品、レンタカー等）が、特に重要なのは土地や建物の賃貸借であり、借地借家法等の特別法により民法の規定は修正されている。

　賃貸借の目的は「物」一般だが、企業自体や権利も契約の目的となり賃貸借に類似した扱いになる（無名契約一種である）。

　賃貸借の目的物は通常、賃貸人の所有であるが、他人に属していてもかまわない。目的物が他人に属していることを理由に解除できない。

第2節　賃借権の物権化

　賃借権は債権であるが、賃借人の地位が強化され、物権のような効力を有している。

　物権と債権の性質の違いを思い出そう。賃貸権は債権である。内容を自由に定められる。

　第三者に対抗力はない（「売買は賃貸借を破る」「物権は債権に優先する」）のが原則である。存続期間は短い。自由に譲渡・転貸ができない。無断譲渡転貸は解除事由になる（612条）。

　しかし、各種の特別立法、信頼関係理論等で賃借人の地位が強化さ

れている。

第3節　賃貸借の存続期間

　賃貸借の期間は 20 年を越えることができない（604 条 1 項）。更新することができるが、更新時より 20 年を越えることができない（604 条 2 項）。ただし、借地借家法で借地については 30 年とされ、それより長い期間も可能である（同法 3 条）。制限能力者保護のため短期賃貸借の規定がある（602 条）。

第4節　賃貸借の効力

　不動産の賃借権は、登記をすればその後不動産について物権を取得した第三者に対抗できる（605 条）。対抗とは、新所有者にも賃貸借を主張できるということである。賃貸借関係は移転し、旧所有者は借主から脱退する。

　借地借家法 31 条 1 項（建物賃貸借の対抗力等）によれば、「建物の賃貸借は、その登記がなくても、建物の引渡しがあったときは、その後その建物について物権を取得した者に対し、その効力を生ずる」と規定する。

　この他に、賃借権の登記（605 条）は常に新賃借人に対抗できる。借地については建物登記（借地借家法 10 条 1 項）、農地については引渡し（農地法 18 条 1 項）が対抗力付与の要件である。

第5節　賃貸人の義務

　使用収益させる義務（601 条）、修繕義務（606 条 1 項）、費用償還義

務（608条1項、2項）、賃借人の保存行為容認義務（606条2項）、担保責任（559条）などがある。賃借人による無断の譲渡・転貸は解除権を発生させる（612条2項）。ただし、この解除権は信頼関係破壊の法理によって制限されている。

第6節　賃借人の義務

　用法遵守義務（616条、594条1項）、通知義務（615条）、賃料支払義務（601条、614条）、賃料減額請求権（609条）がある。
　賃借物が滅失したときは、危険負担（536条1項）か債務不履行（415条）の規定による。

第7節　敷金契約

　敷金は債務不履行による損害を担保するために支払われる金銭である。敷金特約は賃貸借契約に付随した別個の契約である。敷金は保証金と同一視されることがある。権利金や礼金とは別物である。
　判例は、「賃貸借契約における敷金契約は、授受された敷金をもって、賃料債権、賃貸借終了後の目的物の明渡しまでに生ずる賃料相当の損害金債権、その他賃貸借契約により賃貸人が賃借人に対して取得することとなるべき一切の債権を担保することを目的とする賃貸借契約に付随する契約であり、敷金を交付した者の有する敷金返還請求権は、目的物の返還時において、上記の被担保債権を控除し、なお残額があることを条件として、残額につき発生することになる」としている[98]
　敷金の返還義務と賃借物の返還義務とは同時履行の関係に立つかど

---

[98] 最判昭48年2月2日民集27巻1号80頁。

うかは問題である。同時履行の関係とした方が敷金の返還を担保できるから賃借人保護に有利である。判例は、上記の敷金の性質に従って、敷金契約は、賃貸借契約とは別個の契約であり、敷金の返還義務と賃借物の返還義務とは双務契約に生じた対価的関係になく、両債務には著しい価格差があり両債務を相対立させるのは必ずしも公平の原則に合致するとはいい難く、同時履行の関係に立たないとしている[99]。

なお、敷金の法的性質は、停止条件付返還債務を伴う金銭所有権の移転（預かり金であり利息はつかない）と学説では説かれるが、この停止条件を賃貸借終了時と賃貸借終了後明渡時とする見解分かれている。そこから終了時説＝同時履行肯定、明渡時説＝同時履行否定という構図が見られた。建物の明渡しが敷金返還よりも先履行に立つとすれば、同時履行は、判例の論拠によって認められないことになる。またそこでは留置権の発生する余地はないことになる（295条1項）。

なお、債権法改正中間試案では敷金契約の規定を新設し、「敷金が交付されている場合において、賃貸借が終了し、かつ、賃貸人が賃貸物の返還を受けたとき、又は賃借人が適法に賃借権を譲渡したときは、賃貸人は、賃借人に対し、敷金の返還をしなければならないもの」（傍点筆者）として判例理論を明文化している。

敷金が対象とする範囲は議論があり、社会的にも問題となっている。賃借人には原状回復義務があるが（616条、598条）、自然損耗や通常損耗は原状回復の範囲に入らないと解すべきである。

敷金の権利義務関係は当事者が変更になると複雑な問題が生じる。特に合意がなければ、賃貸人が変更されると敷金返還請求権（または賃貸人たる地位）は継承されるが[100]、賃借人の変更があった場合は承

---

[99] 最判昭49年9月2日民集28巻6号1152頁。
[100] 最判昭44年7月17日民集23巻8号1610頁。

継されないとするのが判例である[101]。

　賃料債権に対する抵当権者の物上代位による差押えと当該債権と敷金との関係も重要な論点である。判例は、抵当権者が物上代位権を行使して（372条、304条）、賃料債権を差し押さえた後は、抵当不動産の賃借人は抵当権設定後に取得した債権を自動債権として賃料債権との相殺をもって対抗できないが[102]、他方において、敷金契約にかかわる賃料債権を抵当権者が物上代位を行使して差し押えた場合は、上記引用した敷金の法的性質を賃料債権の面から捉えて、賃貸借契約が終了し、賃借物が明け渡されたその時点で賃料債権は敷金の充当により消滅し、511条のようにその消滅が阻止されるものではないとしている[103]。

---

[101] 最判昭53年12月22日民集32巻9号1768頁。
[102] 最判平13年3月13日民集55巻2号363頁。
[103] 最判平14年3月28日民集56巻3号689頁。

第15章　雇用

第1節　雇用の性質

　雇用は、労務者が労働を提供することを約し、これに対して使用者が賃金を支払うことを約することによって成立する（623条）。雇用（雇用契約とか労働契約ともいう）は[104]、有償・双務・諾成・不要式[105]契約である。

　雇用、請負、委任の3つは労務提供という点において共通する契約類型であるが、それぞれ特徴がある。

　雇用では、報酬の対価は労働であって、「仕事の完成」を対価とする請負と区別される。また事務の処理を請け負う場合は、使用者の指揮命令に従う点で、受任者に自由裁量がある委任と異なる。雇用は労働基準法、労働契約法などの特別法によって大幅な修正を受けている。民法の規定が適用されることはほとんどない（労働法独自の領域化）。

第2節　労働者の義務

　労働者には労働提供義務（623条）がある。労働者は使用者の承諾を得なければ、自己に変わって第三者に労働を従事させることはできない（625条2項）。これを労働者の自己就労義務という。これに違反すると契約の解除事由（解約）になる（同条3項）。労働時間、休日等に

---

[104] 雇用契約と労働契約はほぼ同義としてよいが、雇用契約であっても、労働基準法や労働契約法の適用のない場合（労基116条2項〔家事使用人など〕、労契22条〔国家公務員〕）もある。また民法上の請負、委任という契約形式でありながらもこれらの特別法の適用を受けることはありうる。

[105] ただし、労基法15条は労働条件の明示、労契4条は契約内容について「できるかぎり書面による確認」を求めている。

ついては労働基準法の規制がある。この他、付随的義務として、就業規則遵守義務（労働者の本来的義務と解することも可能である）、守秘義務がある。なお雇用契約が終了した後にも競業避止義務（商法23条1項の支配人の義務を参照）、秘密保持義務が生じることがある。これは雇用契約の余後効として位置づけられる。

第3節　使用者の義務

　使用者の義務として、報酬支払義務がある（623条）。報酬の支払いは労働終了後である（624条）。
　報酬の支払いでしばしば議論になるのが、使用者側の事由（工場の焼失など）で労働提供ができなかった場合の賃金の支払いである。労働者に責めがなく使用者に帰責事由がある場合は、賃金支払義務がある（536条2項）。ただし、労働者が自己の債務を免れることによって他から利益を得た場合はその利益を償還しなくてならない（同条但書）。しかし、労基準法では他で収入を得ていても、26条は60％以上の休業補償を規定しているので（26条）、536条2項但書の適用を受けても40％の利得控除にとどまるということになる[106]。
　労働者に責めがなく使用者にも帰責事由がない場合は、危険負担における債務者主義の原則にしたがって労働者は賃金を請求できない（536条1項）。もっとも、この場合でも使用者側の支配領域での労働提供不能であれば、受領遅滞の法理を用いて危険移転が起こり債権者主義によって、賃金支払義務が生じるという考え方もある。
　使用者には、労働者の生命健康に対する安全配慮義務がある。労働者の健康保持・増進を図るのは使用者の義務である。定期健康診断も

---

[106]藤岡＝磯村 2009・167頁；加藤 2007・381頁。

使用者の義務である（労働安全衛生法66条）。使用者には権利譲渡の制限がある（625条1項）。これは、労働者の自己就労義務規定と相まって雇用契約が両当事者にとって、一身専属的義務であることから生じる帰結である。安全配慮義務に関連して労災関係の特別法がある。また労働者が職務に属する発明（職務発明）については、特許法に規定がある（特許法35条）。

給料債権は、支払期に受けるべき報酬の4分3に相当する部分は差し押さえることはできない（民事執行法152条1項2号）。またこの部分は相殺の対象にならない。なお、使用者は労働者に対する前借金（労働することを条件として使用者から借り入れ、賃金で弁済することを約した金銭）と賃金を相殺することはできない（労基17条）。

第4節　雇用の終了

期間の定めがある場合（民法は長期雇用契約を想定している）、雇用期間が5年を超え、または雇用が当事者の一方若しくは第三者の終身間継続すべきときは当事者の一方は、5年を経過した後、いつでも解約を申し入れることができる（626条1項）。必要以上長期間労働者を拘束することのないようにするためである。ただ、解除には3ヶ月前に予告がなされなければならない（同条2項）。労働基準法は、原則として3年を越える期間の契約を締結してはならないとしている（労基14条）。

期間の定めのない場合、当事者はいつでも解約を申し入れることができる（627条1項）。この場合、解約の申し入れ日から2週間を経過することによって雇用契約は終了する（同条）。

労働者には退職の自由があり使用者にも解雇の自由がある。しかし、

労働基準法によってこの解雇の自由は大幅に修正されている。つまり、客観的に合理的な理由を欠き社会通念上相当として是認できない場合には解雇権の行使は権利濫用となる（労働契約法16条）。

また、627条の解約予告は2週間であるところ、労働基準法では解雇予告期間を30日とする。またそうでないと30日分の平均賃金の支払いを使用者に命じている（同法20条）。626条の解約も同様である。

期間によって報酬を定めた場合には、解約の申し入れは次期以降についてすることができる（627条2項）。しかもこの申し入れは当期の前半にしなければならない（同条但書）。6ヶ月以上の期間によって報酬を定めた場合には、この解約の申し入れは3ヶ月前にしなければならない（627条3項）。

期間を定めた雇用であっても、やむを得ない事由（天災などによって工場が崩壊するなど）による場合は直ちに雇用契約を解除することができる（628条）。この他に、使用者の破産手続の開始決定があると、労働者または破産管財人は627条によって、解約の申し入れができる。この場合各当事者は解約によって生じた損害賠償を請求することができない（631条）。雇用契約の解除の効果は遡及しない（630条）。

労働者の死亡によって雇用は終了するが、使用者の死亡によって雇用は終了しない。

第16章　請負

第1節　請負の性質

　請負は、請負人がある仕事を完成することを約し、注文者がその仕事の結果に対して報酬を支払うことを約することによって成立する（632条）。有償・双務・諾成・不要式契約である。仕事の完成と報酬支払義務が対価関係にある。建築請負が典型的に想起されるが、講演、小説の執筆、自動車の修理なども請負の契約類型である。建設業法では紛争防止のため書面による契約を要求している（同法19条）。

第2節　請負人の義務

　仕事完成義務の遂行において、契約の内容上請負人自身が仕事をすべき場合を除いて、下請負、孫請負など第三者を履行補助者に仕事をさせてもよい。第三者の債務不履行について請負人は注文者に対して直接責任を負う。
　請負人は目的物が完成すると、注文者に引き渡さなければならない。目的物の所有権の帰属については見解が分かれている。

第3節　目的物の所有権の帰属

　大きくは、材料提供者帰属説（判例）と注文者帰属説（学説）が対立している。前者によると、注文者が材料の全部または主要な部分を供給した場合は、加工（246条1項但書）の適用はなく、特約がない

かぎり原始的に注文者に帰属するが[107]、請負人が材料の全部または主要な部分を提供した場合は、特約がないかぎり請負人に帰属し引渡しによって注文者に移転する[108]。

　建物建築工事の注文者と元請負人との間に、請負契約が中途で解除された際の出来形部分（施工済の部分のこと）の所有権は注文者に帰属する旨の約定がある場合には、元請負人から一括して当該工事を請け負った下請負人が自ら材料を提供して出来形部分を築造したとしても、注文者と下請負人との間に格別の合意があるなど特段の事情がない限り、右契約が中途で解除された際の出来形部分の所有権は注文者に帰属する[109]。注文者が元請負に代金が支払い済みである場合、履行補助者の下請負に代金を二重に支払うことを強制する不合理な結論を回避するためである。

第4節　目的物の損傷または滅失

　両当事者の責めに帰すべきことができない事由で、目的物が損傷・滅失して履行不能となった場合に、請負人は代金の一部または出来高分を請求できるか、または再履行の場合増加費用を請求できるかという問題がある。危険負担の問題と絡んでくる。本来的には、請負は仕事の完成がその義務であるから仕事が未完成である以上、報酬請求権は発生しないはずである。しかし、これでは請負人に常に絶対責任を課すことになり過大な負担を課すことになる[110]。

　請負人は本来的に仕事の完成を引き受けているから、注文者は再度

---

[107] 大判昭7年5月9日民集11巻824頁。
[108] 大判大3年12月26日民録20輯1208頁など。
[109] 最判平5年10月19日民集47巻8号5061頁。
[110] 潮見2009・225頁以下。

仕事を完成するように請求することができる。

　仕事が完成可能な場合、増加費用については請負人が負担する。ただし著しい価格の上昇などが生じた場合事情変更の原則（契約内容の改訂、解除）を適用する余地は出てくるであろう。仕事の完成が不可能な場合は、さまざまな考え方があり複雑である。一応、引渡し前かでどちらが損失を負担するか分けて考えてみると、引渡し前は、仕事が完成していないと見て、536条1項により請負人が危険を負担すべきものとする。つまり代金を請求できない。しかしこれだけでは、請負人に余りに酷である。536条2項を類推適用して、物に対する支配を中心に考えて（つまり注文者の多様な関与を認める）段階的に危険が移転すると考える見解は公平に適っている[111]。例えば出来高払いとされたときは、請負人は出来高部分の報酬請求権を有し、その段階で目的物は滅失し再履行となれば、振り出しに戻ることになる。特約がなければ、引渡しまでは請負人の負担となる。

　債権法改正試案は、仕事が完成しなかった場合、「既にした仕事の成果が可分であり、かつその給付を受けることについて注文者が利益を有するとき」と「請負人が仕事を完成することができなくなったことが、請負人が仕事を完成するために必要な行為を注文者がしなかったことによるものであるとき」に、請負人は報酬請求権・費用償還請求権を有し、注文者が解除権を行使しても報酬または費用の請求を妨げられないとする規定を提案している。

第5節　請負人の担保責任

　請負は有償契約であるから、売主の担保責任（539条）が準用されるはずであるが、特則が規定されている（634条以下）。

---

[111] 近江 2006・250 頁以下。

仕事の目的物の瑕疵には、材料の瑕疵や仕事の内容の瑕疵（例えば施工上の瑕疵など）が考えられる。しかも隠れたる瑕疵であることは必要ない。売買と異なり目的物の交換価値が、買主が知らずに減少していたという意味における瑕疵であることを要しない。したがって、市場価値としては瑕疵といえないまでも合意の内容に適合していない目的物も634条以下の瑕疵である場合がある。

5-1 瑕疵修補請求権

　瑕疵があると注文者は相当の期間を定めてその瑕疵の修補を請求することができる（634条本文）。相当の期間を定めて催告した場合、その期間は契約を解除できない（635条参照）。ただし瑕疵が重要でない場合において、その修理が過分の費用を要するときは修補を請求することはできず（634条但書）、修補に代えて損害賠償（この損害賠償請求は債務不履行に基づくものではない）をする他はない（634条2項）。ただし、「過分の費用≦損害賠償額」とはならないだろう。つまり軽微な瑕疵で、過大な改造工事費用や信頼利益まで認めることになれば、634条2項の趣旨からはずれることになる。

5-2 損害賠償請求

　注文者は、瑕疵の修補に代えまたはその修補とともに損害賠償を請求できる（634条2項）。判例は、注文者は瑕疵修補を請求せずに直ちに損害賠償を請求することも可能であるとしている[112]。事案は、請負人が、出来高払いの請負代金の未払いを原因として契約を解除（541条）して損害賠償請求してきた場合に、注文者は、634条の催告を経ずして損害賠償を請求することができるから、瑕疵修補請求権に代わる

---

[112] 最判昭54年3月20日判時927号184頁。

損害賠償を自動債権として相殺の抗弁を主張できるとしたものである。

　注文者の損害賠償請求権と請負人の報酬請求権は同時履行の関係にある（634条2項後段）。634条には、瑕疵修補請求は含まれていないが請負の性質上当然に含まれていると解されるので、瑕疵修補請求権と報酬請求権も同様に同時履行の関係にある。

　もっとも、瑕疵の修補または損害が、報酬代金に比して著しく小さいときに、報酬代金を拒むことは信義に反する場合がある[113]。同様にして、注文者も仕事の完成に向けて一定の信義則上の協力義務があると解すれば、注文者が、瑕疵があるというだけで、修補を請求せずに、報酬の支払いを拒絶することはできないと解される。なお、瑕疵修補に代わる損害賠償請求権が行使され金額が確定していれば、上述したように相殺の主張が可能である[114]。

5-3 解除

　仕事の目的物に瑕疵があり、そのために契約をした目的を達成することができない場合は、注文者は契約を解除することができる（635条本文）。ただし、仕事の目的物が建物その他の工作物であるときは解除権が制限される（635条但書）。建物までに解除を認めると、請負人に過大な負担を強いられることになり社会経済上も非効率であると考えられるからである。その際は、注文者は瑕疵修補または損害賠償による救済を求めるしかない。

　しかし、請負人が建築した建物に重大な瑕疵（例えば、主要な構造部分について安全性及び耐久性に重大な影響を及ぼす欠陥があり、建物全体の強度や安全性に著しく欠け、地震や台風などの振動や衝撃を契機として倒壊しかねない危険性を有する場合）があって建て替える

---

[113] 最判平9年2月14日民集51巻2号337頁。
[114] 最判昭54年3月20日判時927号184頁。

他はない場合には、契約の履行責任に応じた損害賠償責任を負担させるものであるから、建て替えに要する費用相当額の損害賠償請求を認めても、635条但書の趣旨に反するものではないからである[115]。

5-4 担保責任の不適用

以上の瑕疵修補請求権、損害賠償、契約の解除の規定は、仕事の目的物の瑕疵が注文者の提供した材料の性質またはその指図よって生じたときは適用しない（638条）。ただし、請負人がその材料または指図が不適当であることを知りながら告げなかったときは不適用とならない（同条但書）。

5-5 担保責任の存続期間

上記の瑕疵の修補、損害賠償、契約の解除は仕事の目的物を引き渡されてから1年、引渡しを要しないときは仕事が終了してから1年である（637条）。

建物その他の土地の工作物の瑕疵については引渡しの後の5年間、その工作物が、石造、土造、コンクリート造、金属造、その他これに類する構造の工作物については10年間である（638条1項）。ただし、この瑕疵によって工作物が滅失または損傷したときは、その滅失または損傷の時から1年となる（同条但書）。

5-6 住宅品質確保促進法

住宅品質確保促進法は、住宅新築請負契約について、「構造耐力上主要な部分」または「雨水の浸入を防止する部分」として政令で定めるものについて隠れた瑕疵について、注文者は瑕疵修補に代え、または

---

[115] 最判平14年9月24日判時180号77頁。

瑕疵修補とともに損害賠償を請求できる（同法94条1項）。この担保責任の存続期間は、建物を注文者に引渡してから10年である（同条）。

5-7 報酬の支払時期、請負の終了（仕事の終了、瑕疵による目的の不達成以外）

　報酬の支払時期（633条）、注文者の仕事完成前の契約解除（641条）、注文者についての破産手続開始による請負人または破産管財人の解除（642条）などを参照せよ。

第17章　委任

第1節　委任の性質

　委任は当事者の一方（委任者）が、相手方（受任者）に法律行為をなすことを委託して、これを受任者が承諾することによって成立する契約である（643条）。無償・片務・諾成（不要式）が原則である。なお、医師のように正当な理由なくして受任を拒んではならないとされるもの（医師法19条）、弁護士が、事件の依頼の受任を承諾しない場合には依頼者に速やかに通知をしなければならないとするものもある（弁護士法29条）。

　法律行為の委託には通常代理権を伴うことが多い。しかし、準委任の場合には代理権は伴わない。法律行為ではない事務の委託は準委任とされるが、委任の規定が準用される（656条）。また、代理権は雇用、請負、組合にかかわって代理権が授受されることがあることも注意されるべきである。委任は、他人の財産管理、団体と理事との関係、法人と取締役との関係、訴訟事務などさまざまである。

　委任は、受任者の意思と能力によって裁量する余地があり、この点において雇用と区別される。また請負と異なり「仕事の完成」を目的とするものではない。

第2節　受任者の義務

2-1 委任事務処理

　有償・無償を問わず、善良なる管理者の注意義務を負う（644条）。「自己の財産におけると同一の注意義務」（無償の寄託：659条）より程度の高い義務である。

受任者の指図に従う場合もあるが、弁護士や医師のように高度の専門的知識を要する場合はむしろ受任者の裁量に任せる部分が広いであろう。

受任者は原則として自分で委任事務を処理すべきものとされる。ただし委任者の許諾がある場合とやむを得ない場合は第三者に委託できると解される（復代理に関する104条、107条2項参照）

2-2 付随義務

報告義務（645条）、受取物、果実の引渡義務（646条1項）、取得権利移転義務（646条2項）を参照のこと。

第3節 委任者の義務

3-1 報酬支払義務

民法の委任は無償が原則であり、特約がなければ報酬を請求できない（648条1項）。しかし、実際上はほとんど有償である。債権法改正の中間試案では、本条の規律を削除する提案がなされている。商事委任は特約がなくても有償を原則としている（商法512条）。受任者が報酬を受ける場合、委任事務を終了した後でなければ、報酬を請求することができない（648条2項）。期間によって報酬を定めたときは雇用の規定の準用する（同条による624条2項の準用）。この他に危険負担の規定がある（648条3項）。

3-2 付随義務

費用前払義務（649条）、立替費用償還義務（650条1項）、債務弁済費用（650条2項）、損害賠償義務（650条3項）の各規定を参照。

第 4 節　委任の終了

4-1 任意解除（解約告知）

　委任は各当事者がいつでもその契約を解除することができる（651条1項）。遡及のない解除（告知）である（652条）。当事者の一方が相手方に不利な時期に委任を解除した場合は、損害賠償をしなくてはならない（651条2項）。651条1項の任意解除はひとつの重要な論点である。以下判例理論に沿って言及する。

　①　特約による解除権の放棄は可能である。しかし特約があってもやむを得ない事情があるときは解除が可能である。

　②委任が受任者の利益となっている場合は、原則として解除ができない[116]。委任が受任者の利益となっていない場合は解除できる。

　③委任が受任者の利益となっていて解除ができない場合であっても、受任者が著しく不誠実な行動に出る等やむをえない事由があるときは解除ができる[117]。

　④さらにかかるやむをえない事由がない場合であっても、委任者が委任契約の解除権自体を放棄したものとは解されない事情があるときは解除できる、ただし受任者は委任者に損害賠償を請求できる[118]。

　債権法改正の中間試案では、651条の任意解除権を維持しつつこれらの判例理論を踏まえ、委任が受任者の利益を目的とする場合（この利益は受任者が専ら報酬を得ることによるのである場合を除く）[119]、同条による解除をしたとき、やむを得ない場合を除き受任者に損害賠償

---

[116] 大判大 9 年 4 月 24 日民録 26 輯 562 頁。
[117] 最判昭 43 年 9 月 20 日判時 536 号 51 頁。
[118] 最判昭 56 年 1 月 19 日民集 35 巻 1 号 1 頁。
[119] 委任が有償であるというだけでは利益ではなく。受任者が酬以外の利益を得る場合を指す（最判昭 43 年 9 月 3 日集民 92 号 169 頁）のでこのようなカッコ書きが挿入されている。

をしなくてはならないと規定を新設している。

4-2 その他の終了原因

以下の事由がある。①受任者または受任者の死亡、②受任者または受任者が破産手続開始の決定を受けたこと、及び③受任者が後見開始の審判を受けたこと（653条）によって委任は終了する。

付録

消費者保護の政策と契約の諸問題

1　消費者保護と契約

　判断能力が劣るとされる未成年・被後見人は契約上特別な扱いを受けることがある。問題はそのような画一的処理を行っても生身の人間はだれしも状況によっては、判断能力が劣った状態で契約を締結してしまう（あるいはせざるを得ない）ことがあることである。判断能力が欠如した原因（要するに消費者が「愚かな契約」を結んだ要因）の1つに、業者と消費者との間の情報ギャップ＝情報の非対称性）にある。日常的に消費者被害が後を絶たないが、その被害金額の多さに驚くことがある（1986年のいわゆる豊田商事事件の被害額は1000億円である）。

　完全な情報下で契約が結ばれないなら、経済的には非効率な取引・資源の分配が行われていないことにより、本来契約法が目指している目的にも合致しない。ここにおいて個人の間の自律的平等的契約観に国家が介入する必要が生じる*。すでにわが国では1960年代から消費者保護の関連法が制定されてきた。高度成長・大量消費時代において新たな立法が必要とされてきたのである。そして近年、消費者基本法の制定、消費者契約法制定、特定商取引法の改正、金融商品取引法の改正など、消費者をめぐり多くの立法がなされている。

　　　*欧州アルバニアでは1997年大規模なネズミ講が破綻したのを契機
　　　に暴動が発生、軍隊による治安回復が必要だった程である。被害額
　　　はGNPの半分に相当するほどであった（丸山茂夫「特定商取引法
　　　の理論と実務〔補訂版〕」民事法研究会、2007年328頁）。

2　悪質商法の手口

訪問販売
　訪問販売に関連して消費者のトラブルが生じやすく。特商法において規制している。

点検商法
　無料で床下を点検する、水道を点検するといって高額な商品を売りつける。特商法の適用あり。

ＳＦ（催眠）商法
　街頭で日用品などを無料配布し人を勧誘、仮設会場等に誘導し密室で正常な判断ができない状態にして高額な商品を売りつける商法。ＳＦはこの商法をはじめて行った「新製品普及協会」の頭文字から由来。

恋人（デート）商法
　販売員が消費者と親密な関係を築いて売る商法。物品購入後しばらくして連絡が取れなくなったりする。後述するクーリング・オフの期間経過だと解約はむずかしい。

展示販売商法
　ホテルや公民館などを利用した販売。特商法の「営業所」に該当し訪問販売に該当しない可能性が高い。

マルチ商法（連鎖販売取引）
販売組織の会員になり下部の会員を獲得すると、下部会員から加入料や商品の代金の一部が配当されると説明して、加入契約を結ばせる商法。ネズミ講と類似する種類もあり破綻の可能性がある。

ねずみ講（無限連鎖講）
　後順位の加入者の支出した金品から先順位の加入者が受け取ることを内容とする配当組織のこと。マルチ商法は商品の再販売を行うので適切な取引が可能であるが、ネズミ講は必ず破綻することが前提。二

人ずつ勧誘するねずみ講でも、28代目には1億3000万人の会員が必要になる。ネズミ講は法律で禁止されている。

　以上の他に、内職商法、モニター商法、資格商法、かたり商法、ホームパーティー商法、霊感商法、次々販売、キャッチセールス・アポイントメントセールス、現物まがい商法、送り付け商法（ネガティブオプション：特商法により14日間を経過すれば自由に処分できる）などがる。

3　消費者の救済方法－クーリング・オフ

　消費者の救済策は様々ある（ただし、全部救済されるわけではないことに注意せよ）が、ここでは、クーリング・オフ（申込の撤回、契約の解約権）についてのみ紹介しておく。

　クーリング・オフは、消費者が、一定の要件の下で、一旦有効に成立したかに見えた契約の効力を否定することができる制度である。クーリング・オフ制度は1972年に割賦販売法の改正で導入されたものであるが、その後、訪問販売法、宅地建物取引業法、保険業法などにも導入され、企業（事業者）と消費者との取引を規律する、消費費者法関連法の制度として、その適用範囲を徐々に広め重要な位置を占めている。

　　取引に関連して、民法の諸規定や消費者契約法における取消権等も、重要な関連の制度である。しかし、契約に関するトラブルで被害者の救済を考えると、迅速・簡便な方法で行使できるクーリング・オフできるかどうかということが最初に考慮すべき重要事である*。また、一般消費者にとってもクーリング・オフは認知度の高い制度であるといってよい。消費者問題の相談のうちで、「特定商取引法に関する法律」

に関連する問題が全体の60％を超えているという現状を考えると[120]、消費者契約法のかなり部分がクーリング・オフの適否の問題とかかわるということになる。

消費者は事業者に対して対等な立場というよりも、被害者である。被害者にとっての一番の関心は、どのような救済が用意さいるかどうかである。消費者法は、行政罰や刑事罰は、公的な予防を目的としているものであるが、当面の筆者の関心は民事的救済の性格に向けられている。クーリング・オフは、日常生活を消費者被害から守る、安全保障の一環として位置づけられる。

　　＊クーリング・オフは、実務上でも、未成年者の取消権と並ぶ被害者救済のための強力な手段である。「例えば、弁護士や諸費者生活センターの相談員が特商法に関する相談を受ける場合には、まさしく今、目の前にある被害を救済することが何よりも重要な関心事となる。契約に関する相談を受けると、最初に契約当事者の年齢と契約期日を確認することが必須である。前者は未成年者の取消権（民4条）の行使の可否、後者はクーリング・オフによる契約解消の可能性につながる。」[121]。

4　特定商取引法におけるクーリング・オフ

特定商取引法（これまでは商品が指定されていた）についてのみ見てみると、訪問販売、電話勧誘販売、連鎖販売取引、特定継続的役務提供契約、業務提供誘引販売取引についてクーリング・オフができる（通信販売には適用がない）。

クーリング・オフは行使する期間が限られている（8～20日間）が、

---

[120] 板東俊矢 2006「特定商取引に関する法律を知る」法教 315 号 104 頁。
[121] 板東俊矢 2007「民事ルールとしてのクーリング・オフと特商法」法教 316 号 74 頁。

契約の内容を明らかにする書面交付がなされなかったり、クーリング・オフ妨害があったりすると所定期間が経過しても行使できる。損害賠償金や手数料（引き取り費用も業者持ち）を払う必要もなく、代金は全額返還してもらえる。ただし、商品を消費してしまった場合は別である。

クーリング・オフは書面（通常は郵便）によって行使する。不明な点があれば近くの消費者センターに相談に行くとよい。

5　特定商取引法の概要

特商法の前身は1976年に制定された「訪問販売等に関する法律」（訪問販売法）である。訪問販売法は、当初、訪問販売、通信販売、連鎖販売取引を規制したものであったが、1988年の改正では、訪問販売の定義を拡張、クーリング・オフを現金販売にも拡張した。1966年には「電話勧誘販売」を新規に規制、1999年には「特定継続的役務提供」（エステサロン、外国語英会話教室、家庭教師派遣、学習塾）を新規に規制した。

2001年に、訪問販売法は「特定商取引に関する法律」へと名称を変更するとともに、「業務提供誘因販売取引」を新規に規制、2002年には、電子メールによる広告を新規に規制した。

2004年には特定継続的役務提供の規制対象にパソコン教室と結婚相手紹介業を追加、同年、悪質な販売方法に対する「行政規制が強化」及び「民事ルールの整備」に関連する改正がなされた。現行特商法は、規制の対象となる取引類型は6つあり、法律の内容としては行政規制ルールと民事ルールがある。クーリング・オフは、民事ルールのうちの1つである。現行特商法の概要については以下の通りである[122]。

---

[122] 以下の記述は、経済産業省の報道資料「特定商取引に関する法律等の改正

特定商取引に関する法律の概要

「特定商取引に関する法律」は、訪問販売などトラブルを生じやすい特定の取引類型を対象に、トラブル防止のルールを定め、事業者による不公正な勧誘行為等を取り締まることにより、消費者取引の公正を確保するための法律。

本法律の対象となっている取引類型
（消費者が求めないのに、突然、勧誘を受ける）
1　訪問販売
　　自宅への訪問販売、キャッチセールス（路上等で呼び止めた後営業所等に同行させて販売）、アポイントセールス（電話等で販売目的を告げずに事務所等に呼び出して販売等）

2　電話勧誘販売
　　電話で勧誘し、申込みを受ける販売。

（事業者と対面して諸品や販売条件を確認できない）
3　通信販売
　　新聞、雑誌、インターネット（インターネット・オークションも含む）等で広告し、郵便、電話等の通信手段により申込みを受ける販売（「電話勧誘販売」に該当するものを除く）。

（長期・高額の負担を伴う）
4　特定継続役務提供
　　長期・継続的な役務（サービス）の提供とこれに対する高額の対価を約する取引（エステサロン、外国語英会話教室、家庭教師派遣、学習塾、パソコン教室と結婚相手紹介業の6役務が対象）

（ビジネスに不慣れな個人を勧誘する）
5　連鎖販売取引
　　個人を販売として勧誘し、さらに次の販売員を勧誘させるかたちで、販売組織を連鎖的に拡大して行う商品・役務の販売（悪質なマルチ商法を防止するための規制）。

6　業務提供誘因販売取引
　　「仕事を提供するので収入が得られる」と誘引し、仕事に必要であるとして、商品等を売って金銭負担を負わせる取引。

について」平成 16 年 3 月と同省のＨＰの解説、および加藤の図表（加藤 2007・158〜159 頁）を借用し、一部修正を加えた。

補助資料

契約の定義

契約(contract)定義

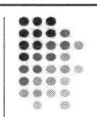

- An <u>agreement</u> enforceable at law.
  An essential feature of contract is
  <u>a promise</u> by one party to another to do or forebear from doing certain specified acts. The offer of a promise becomes a promise by acceptance.
  —Osborn's Concise Law Dictionary

パンデクテン方式

パンデクテンという言葉の由来

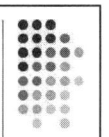

- ローマ私法には2つの流れがある(ガイウス法学提要、ユスティニアウス法学提要)
- ガイウス法学提要は、ガイウス(法学者)が、それまでの古代ローマ法の入門書(2C頃)を著す。人・物・訴権を中心に構成、現代のフランス法、オーストリア法に継受。※法学提要のことをInstituionesという。
- ユ帝は、533年に学説彙纂(かいさん)を公布。学説法からなる法典。ローマ法学者の膨大な著作の抜粋を含んでいるもの。ディゲスタまたはパンデクタエ(会典)と呼ばれた(総論、私法、不法行為、‥全50巻)。さらに学説彙纂の入門書、法学提要を公布。これら含んだ法典をユスティニアウス法典、後にローマ法大全と称するようになった。ユの法典を英語でPandectsという。

パンデクテン方式の特徴

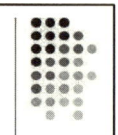

- 物権と債権の区別、総則規定の発達。総則と各則に分けて、抽象概念を上位階層に位置づける。
- 日本民法もこれを受け継ぐ。
- 契約（各則、総則）→債権の各則（契約、事務管理、不当利得、不法行為→債権総則→物権、債権、親族、相続→総則

民法典の問題点

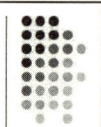

- 条文がシンプルで解釈に委ねられているところが多い。→学説に傾く。ルールが透明化していない。
- 条文テキストが読みづらい。関連法も同じ。
- 条文数が少ない→抽象度が高く、市民にもわかりづらい。独仏の民法の条文数は日本の倍以上。
- 契約に即した規律になっていない。

（内田「民法改正」）

パンデクテン方式のメリット・デメリット

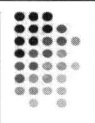

- 主体、客体、行為といった構成で民法のシステム全体が把握しやすい。
- 共通ルールを総則として括り出しているので、条文の重複を避けることができる。
- 抽象度の高い規定について理解しづらい（教育上も問題）。
- 適用すべき規定が散在。

（大村「民法改正を考える」）

効率的な契約違反

効率的な契約違反（基本設定）

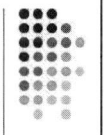

- AがBに車を500万円で売ると約束
- Bはこれを700万円で転売の予定
- そこにCがやってきてA所有の車に750万円の値を付ける。

「約束を破る権利」の市場が発生

- Bは買主の地位を200〜250万円（Xとする）でCに売却可能→当初よりも経済的に改善される。
- Aが約束を守れと要求しても違約金（Xのうちの何がしか）を払えば、なお当初よりも儲かる
- Aは売主の地位を200〜250万円で売却可能
- Bが約束を守れと要求しても違約金（Xのうちの何がしか）を払えば、Bなお当初よりも儲かる。
  →AもBも困らない
  →Cが最終的に車をゲット

コースの定理が示唆するもの

- 当初の権利の割り当てとは関係なく市場が最終的に権利の割当を決定。
- 日常の合理的選択（効率性）が社会における「正義」の基盤と考える。ただし正義の観念は一般にコストの問題ではない。
- 経済的福利の最大化（最も高い評価をした人が進んで支払う状態）によって契約法が説明できる。→功利主義的立場に近似。

同時履行の抗弁権と留置権

同時履行の抗弁権と留置権

	同時履行の抗弁権(533条)	留置権(295条)
意義	公平の原則	公平の原則
性質	債権	物権
被担保債権	同一双務契約から生じた反対債権	一定の牽連性のある債権(商法では緩和:521条)
対世効	無し:双務契約の相手方のみ	有り
履行拒絶の対象	反対債権(給付の内容は問わない)	他人の物の留置
履行拒絶の範囲	信義則による割合的拒絶	不可分性あり(296条)

危険負担

危険負担の理解のポイント

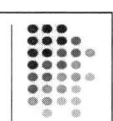

- 双務契約
- 「存続上」の牽連関係(cf 履行上の牽連関係)
- 消滅した「債務」の問題(危険)
- 消滅した「債務」の債権者と債務者
- 他方債務の存続の成否(負担)
- 帰責事由の有無
- 特定物の契約とそれ以外の双務契約

債権者主義の適用範囲

危険負担（債権者主義の適用範囲の限定）

〔特定物に関する物権の設定又は移転を目的とする場合〕

目的物の毀損・滅失	債務者主義 債権者主義の別など
不動産 (a) 物権変動の時期に関する特約がある場合	
(i) 物権変動、引渡、登記、代金支払のいずれもない場合	債務者主義
(ii) 上のいずれか１つがある場合	債権者主義
(b) 物権変動の時期に関する特約がない場合	
(i) 引渡・登記・代金支払のいずれもない場合	債務者主義
(ii) 上のいずれか１つがあった場合	債権者主義
(iii) 引渡または登記と代金支払があったとき	債権者主義
(iv) 引渡および登記があったとき	危険負担の問題ではない
動産 (a) 物権変動の時期に関する特約がある場合	
(i) 物権変動・引渡・代金支払のいずれもない場合	債務者主義
(ii) いずれか１つがある場合	債権者主義
(b) 物権変動の特約のない場合	
(i) 引渡・代金支払のいずれもない場合	債務者主義
(ii) 代金支払のみがあったとき	債権者主義
(iii) 引渡があったとき	危険負担の問題ではない

田山「債権各論上」より

契約の解除

契約の解除（複数の契約）

- リゾートマンションの売買契約とスポーツクラブ会員権契約が締結されたケースで、「屋内プール」の完成が遅滞
- マンションの区分所有権を買い受けるときは必ず本件クラブに入会しなければならず、これを他に譲渡したときは本件クラブの会員たる地位を失うのであって、本件マンションの区分所有権の得喪と本件クラブの会員たる地位の得喪とは密接に関連付けられている（密接関連性）。
- 屋内プールの完成の遅延という本件会員権契約の要素たる債務の履行遅滞により、本件売買契約を締結した目的を達成することができなくなったものというべきであるから、右の履行遅滞を理由として民法541条により本件売買契約を解除することができるものと解するのが相当である（平成8年11月12日最高裁判決）。

グレーゾーン金利

グレーゾーン金利

グレーゾーンの撤廃と上限金利の引下げ

（改正前）
- 出資法上限金利 29.2%
- 任意性・書面性を満たす場合に有効
- 20% / 18% / 15%
- 利息制限法上限金利
- 10万円 / 100万円
- 刑事罰対象／超過分は無効

（改正後）
- 出資法上限金利 20% / 18% / 15%
- 行政処分対象
- 利息制限法上限金利
- 10万円 / 100万円
- 刑事罰対象／超過分は無効

○ 概ね3年後をめどに、貸金業法43条のいわゆるグレーゾーン金利を撤廃するとともに、出資法の上限金利（29.2%）を利息制限法の上限金利の水準（20%）まで引き下げる

金融庁資料より

みなし弁済規定

みなし弁済規定

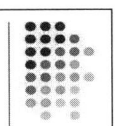

- 貸金業者は43条の要件を守れば利息制限法を超える金利を取ってもいいことを認めた法律（任意性）
- 利息制限法を超える利息は無効であることを知らずに支払った場合、「みなし弁済」は認められない。
- 自動支払機（ATM）や銀行振込による支払等の場合、債権者が「任意性」を立証するのは非常に困難。
- 業者に言われるままの条件でしか貸付けを受けられないというのなら、高い利息を払うか、利息制限法の限度で払うかを選択する自由は最初からない。

期限の利益喪失約款

> **みなし弁済の要件を満たすか（期限の利益喪失約款）**
>
> - 利益喪失約款（約定返済を遅滞した場合、期限の利益を喪失するという内容の契約条項）がある場合に、支払の任意性は認められるか
> - 債務者が、強制を受けて利息の制限額を超える額の金銭の支払をした場合には、制限超過部分を自己の自由な意思によって支払ったものということはできず、法43条1項の規定の適用要件を欠くというべきである。
> - この特約は、支払期日に約定の元本と共に制限超過部分を含む約定利息を支払わない限り、期限の利益を喪失し、残元本全額を直ちに一括して支払い、これに対する遅延損害金を支払うべき義務を負うことになるとの誤解を与え、制限超過部分を支払うことを債務者に事実上強制することになる（平成18年1月13日最高裁判決）。

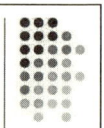

多重債務の要因

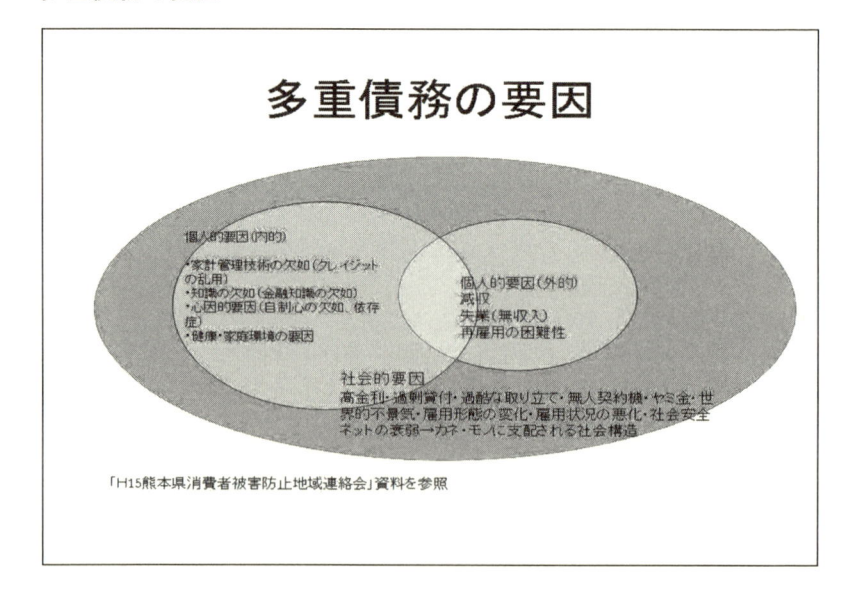

> **多重債務の要因**
>
> 個人的要因（内的）
> ・家計管理技術の欠如（クレジットの乱用）
> ・知識の欠如（金融知識の欠如）
> ・心因的要因（自制心の欠如、依存症）
> ・健康・家庭環境の要因
>
> 個人的要因（外的）
> 減収
> 失業（無収入）
> 再雇用の困難性
>
> 社会的要因
> 高金利・過剰貸付・過酷な取り立て・無人契約機・ヤミ金・世界的不景気・雇用形態の変化・雇用状況の悪化・社会安全ネットの衰弱→カネ・モノに支配される社会構造
>
> 「H15熊本県消費者被害防止地域連絡会」資料を参照

著者紹介

松岡勝実（まつおか かつみ）
1962年　神奈川県生まれ
1997年　創価大学大学院博士後期課程修了
1999年　富士大学教授
2000年　英国ケンブリッジ大学客員研究員
2004年　岩手大学教授　博士（法学）、現在に至る

債権各論I〔契約法〕
2014年4月1日　初版第1刷発行

| 著　者 | 松　岡　勝　実 |
| 発行者 | 阿　部　耕　一 |

〒162-0041　東京都新宿区早稲田鶴巻町514番地
発行所　株式会社 成 文 堂
電話 03(3203)9201(代)　FAX 03(3203)9206
http://www.seibundoh.co.jp

製版・印刷・製本　シナノ印刷
☆落丁・乱丁はおとりかえいたします☆　検印省略
© 2014 K. Matsuoka　　　　Printed in Japan
ISBN978-4-7923-9240-6　C3032

定価（本体1500＋税）